LA REVELACIÓN DE JESUCRISTO

Los Tiempos del Fin

Tiffany Root & Kirk VandeGuchte

Ministerios Buscando la Gloria de Dios

TABLA DE CONTENIDOS

Nota de la traductora al español:

Estimados hermanos en Cristo:

Quisiera contaros cómo se llegó a realizar esta traducción al español de este libro de **"LA REVELACIÓN DE JESUCRISTO. LOS TIEMPOS DEL FIN"**.

Como hermana en Cristo, y ante la dificultad de conseguir que me fueran remitidos los libros en versión original (inglés) a España, me puse en contacto con Ministerios Buscando la Gloria de Dios (SGGM) a fin de que me los hicieran llegar de otro modo y no a través de la página web. Ellos recibieron mi petición y oraron –como siempre hacen- y el Espíritu les dio la palabra "CONVERSION", que curiosamente es igual en español, y me preguntaron por la posibilidad de traducir los libros al español. Al consultarlo yo misma con el Espíritu me llevó al significado epistemológico de la palabra CONVERSION. Lo siguiente, es lo que el Señor me dijo:

Cuando Tiffany y Kirk oraban por la traducción al español de los libros y palabras que Yo les he dado, les di la palabra "CONVERSION", y la di con una intención y un significado concreto: "CON" significa "juntamente" y/o "en unión con alguien" (conmigo), y VERSIÓN (acción de traducir o "modo que tiene cada uno de referir un mismo suceso"). Con ello quiero significar que las traducciones de Mis palabras han de hacerse "Junto conmigo", con Mi Espíritu, en trabajo conjunto, y no sin más, como una traducción normal más de cualquier otra cosa. De este modo se evitarán "desviaciones" o "versiones distintas" de mi Palabra que dan lugar a lo mismo que lo de "yo soy de Pablo y yo de Apolos", lo cual no deseo que ocurra nunca más.

Yo Soy El Camino y La (única) Verdad, y la Palabra de Dios. No hay otra ni debe haber otra "Versión" de lo que Yo Soy (Mi Carácter, mi personalidad, mi corazón y mi forma de comportarme). Aquellos que me conocen mejor, por cercanía y por relación conmigo, Son UNO conmigo, como MI ESPOSA será una conmigo. Estos primeros pasos en lo que es Mi RELACIÓN con mi verdadera Esposa, la que será sin mancha ni arruga, son cruciales y hemos de recorrerlos juntos, caminando juntos como Enoc caminó conmigo antes de ser llevado conmigo para la eternidad.

Tenemos mucho trabajo por hacer, pero no preocuparos, pequeña manada, porque no lo haréis en vuestras fuerzas, sino CONMIGO, pues UNO (EN UNIÓN) seremos en todo.

Ahora es el momento en que los pueblos del mundo deben verme y conocerme tal y como soy realmente, pues he dicho - y se hará- que El Mundo me verá y todo el Mundo le llenará del conocimiento de la Gloria de Dios, como se aguas cubren el mar. No habrá más velos, ni más secretos (excepto los que el Padre se reserva en cuanto a tiempos y acciones y sucesos determinados) ni interpretaciones (y mal interpretaciones) acerca de mí y de cómo Yo Soy por boca y mano de los autodenominados "pastores" o «predicadores» a los que yo realmente no llamé. He dado a la Iglesia (y, por consiguiente, al Mundo) mis dones (los cinco ministerios) y lo que espero de ellos es que me muestren al mundo tal cómo Yo Soy, ya que soy Amor, y amé y amo tanto al mundo que me entregué en sacrificio por ellos. He puesto en ellos mi corazón e incluso mis ojos, para que puedan verme y ver a los demás como yo los veo. Dentro de muy poco tiempo, Me derramaré sobre ellos. Sí, como he dicho, sobre todos aquellos que quieran ser portadores de Mi Gloria. Pero Mi Gloria conlleva un "extra" de responsabilidad, porque incluso Mi Autoridad hay que saber llevarla y ejercerla, con mano de hierro, sí, pero también y siempre con amor y delicadeza, por vuestro bien y por el de los que os rodean. Esa "prudencia" que habéis de tener y guardar está siendo enseñada por mí a cada uno de mis escogidos, porque Yo escojo a los míos. Esa prudencia no es falta de valentía, porque Fe es Riesgo, y Fe necesariamente ha de haber para poder agradarme."

Maria José Candreu

INTRODUCCION

El 20 de Agosto del 2021, el Espíritu Santo me dijo (a Tiffany) que quería darme Revelación sobre el libro de Apocalipsis y sobre los Tiempos del Fin. Lo siguiente es lo que Él dijo:

"Los apóstoles ven el gran dibujo y lo traen de vuelta a Jesús. Recuerda que es de Jesús de quien Yo estoy interesado en hablar."

Luego, él me preguntó: *"¿Qué es lo que tú ves en Apocalipsis?"*

Contesté: "Veo el Sistema mundial colapsando (Babilonia ha caído), y veo juicios viniendo a la tierra, pero tu gente permaneciendo firmes y libres. Veo que el Libro de Apocalipsis no está escrito linealmente sino proféticamente, tal y como Kirk ha visto. Veo que la bestia y el dragón no son nada. Todo lo que tienen son mentiras. Veo a los santos –el remanente real- como los dos apóstoles o la pequeña niña de la visión de Joyner (Series de la Búsqueda Final). Ellos se han endurecido en la batalla, llenos con amor y gozo, habiendo sido probados a través de lo que han pasado. Veo la palabra de Kirk sobre cómo Tú nos has puesto en una situación determinada y en un tiempo determinado y debemos hacer nuestra parte por el bien de otros. Así que sí, algunos están experimentando decapitaciones, mutilaciones, torturas terribles, muerte, prisiones y carencias. Algunos están en posición de luchar y soportar a aquellos que son tratados así. Están haciendo su parte siguiendo al Santo Espíritu. Veo que ponemos demasiada atención en lo que está por venir y no suficiente en lo que durará para siempre. Veo que el amor conquista toda la oscuridad y Jesús ya ha ganado. Cuando elegimos a Jesús, elegimos victoria."

El Señor dice: "*Has visto correctamente. Lo que te voy a mostrar luego ponlo junto con la gran foto y enséñales a otros a vivir por Revelación, lo que significa y a través de quién viene. El libro de Apocalipsis se llama de la "La Revelación de Jesucristo" porque es la historia de la humanidad y de Dios, que se convirtió en hombre para salvarla.*

Lo siguiente es lo que Él nos mostró. ¡Disfruta¡

Capítulo 1

¿Qué es Revelación?

———————— ◆◄◀◆▶►◆ ————————

El diccionario de Merriam-Webster define "revelación" como el hecho de revelar o comunicar la verdad divina o el acto de revelar o hacer conocer.

Pedro recibió revelación de Jesucristo en Mateo 16:13-18.

Cuando Jesús vino a la región de Cesarea de Filipa, Él preguntó a Sus discípulos diciendo: "¿Quién dicen los hombres que, Yo, el Hijo del Hombre, soy?". A lo que ellos contestaron: "Algunos dicen que Juan el Bautista, otros que Elías, y otros que Jeremías u otro de los profetas". Él les dijo: "Pero ¿Quién decís vosotros que Yo Soy? Pedro contestó y dijo: "Tú eres el Cristo, el Hijo del Dios viviente." Jesús contestó y le dijo: "Bendito eres tú, Simón hijo de Jonás, porque ni carne ni sangre te ha revelado esto a ti, sino Mi Padre que está en los cielos. Y yo también te digo que tú eres Pedro, y sobre esta roca edificaré Mi Iglesia, y las puertas del Hades no prevalecerán contra ella."

El Padre le reveló a Pedro que Jesús era el Mesías, y Jesús le dijo que sobre la revelación de Jesucristo Él edificaría su Iglesia. Cuando recibimos una revelación de Dios, será algo sobre Jesús porque Jesús es la revelación del Padre a nosotros (Hebreos 1:1-4). Todo apunta a Jesús y se origina en Él. Como Colosenses 1:15-17 dice:

Él es la imagen invisible de Dios, el primer nacido de toda la creación. Porque por Él todas las cosas fueron creadas: cosas en el cielo y en la tierra visibles e invisibles, tanto tronos como potestades o gobernantes y autoridades; todas las cosas fueron creadas por Él y para Él. Él es primero que todas las cosas y en Él todas las cosas se mantienen unidas. (NVI)

En otras palabras: todo gira en torno a Jesús. Toda la revelación de Dios es sobre Él – El que revela al padre a nosotros. Y sin embargo, algunos piensan que no necesitamos ninguna revelación más porque tenemos las Escrituras. Veamos un par de pasajes para ver si eso es cierto:

Pero Pedro, levantándose junto con los once, levantó su coz y les dijo: "hombres de Judea y todos aquellos que vivís en Jerusalén, que esto sea conocido para vosotros y prestad atención a mis palabras. Porque estos no están borrachos, tal y como suponéis, porque es solo la tercera hora del día, sino que esto es lo que fue hablado por el profeta Joel:

'Y ocurrirá después de esto que derramaré Mi Espíritu sobre toda carne;
Vuestros hijos e hijas profetizarán,
Vuestros ancianos tendrán sueños
Vuestros jóvenes tendrán visiones,
E incluso sobre Mis siervos y Mis siervas
Derramaré Mi Espíritu en aquellos días;
Y profetizarán.

Mostraré maravillas arriba en los cielos

Y señales abajo en la tierra:

Sangre y fuego, y vapor de humo.

El sol se volverá oscuro

Y la luna en sangre,

Antes de la venida del gran e impresionante día del Señor.

Y vendrá a pasar que cualquiera que invoque el nombre del Señor será salvo (Hechos de los apóstoles 2:14-21)

¿Crees que aquellos que leyeron el libro de Joel antes de que fuera derramado el Espíritu Santo tenían alguna idea de lo que iba a pasar? Si lo hubieran sabido ¿Crees que hubieran reprendido a los discípulos y les habrían llamado "borrachos"?

Pedro reveló lo que el pasaje de Joel significaba a aquellos que vieron lo que pasó en Pentecostés. El significado de la Escritura fue revelado para mostrar que Jesús había derramado Su Espíritu en la humanidad.

Por esto es que necesitamos revelación. Sin revelación, podemos leer la Biblia entera y no entender lo que Dios nos está diciendo. No es suficiente con tener las Escrituras. Tenemos que tener al Espíritu Santo revelándonos la verdad a través de esas Escrituras. Y recuerda: Jesús es la Verdad. Por lo que la revelación que recibamos apuntará a Él y vendrá a través de Su Espíritu Santo. Si la Revelación es la verdad que Dios nos revela a nosotros, y el Espíritu Santo es el Espíritu de Verdad que nos guía a toda la Verdad ¿Hay alguna otra forma de llegar a la verdad que por el Espíritu Santo? Después de todo, Él es el único que conoce las cosas profundas de Dios.

Jesús testifica que todas las cosas que el Padre tiene son Suyas (Juan 16:13-15).

Estas son las cosas que Él le da al Espíritu Santo para que nos las hable. Estos son los misterios de Dios. Y estos misterios nos los da el Espíritu Santo. No hay otra forma de recibir revelación que no sea por medio del Espíritu Santo.

Pero, ¿qué pasa si un ángel del Señor nos trae una revelación? Por ejemplo, uno de los ángeles le trajo a Daniel la interpretación de una visión, que era una revelación de su visión. ¿Es eso también por el Espíritu Santo? Por supuesto que sí. Los ángeles de Dios están empoderados por el Espíritu Santo, y nosotros recibimos las revelaciones que nos traen por el Espíritu Santo.

¿Y si Jesús mismo se nos aparece? ¿Podemos recibir revelación del mismo Cristo, y entonces eso no sería por el Espíritu Santo? El Padre pregunta: «¿Puedes hacer algo sin el Espíritu que hay en ti?». Por supuesto que no. Recibimos estas revelaciones a través del Espíritu de Cristo. Jesús derramó Su Espíritu sobre nosotros para que pudiéramos conocerlo por Su Espíritu, y Jesús es la revelación del Padre.

Cuando recibimos revelación de Jesucristo a través de Su Espíritu, esta estará en consonancia con las Escrituras. Sin embargo, no siempre coincidirá con nuestra comprensión de las Escrituras. Esto se debe a que, antes de que el Espíritu Santo nos revele algo, solo contamos con el conocimiento intelectual para seguir adelante. El conocimiento intelectual no es revelación. La revelación de Jesucristo es un fundamento firme que no puede ser sacudido. El conocimiento intelectual de las Escrituras es, en el mejor de los casos, inestable. No resistirá una tormenta.

Por lo tanto, esté dispuesto a permitir que el Espíritu Santo le dé revelación y le muestre en las Escrituras cómo la revelación es verdadera.

Cuando Ud. hace esto, está diciendo que renuncia a su comprensión intelectual de las Escrituras en favor de lo que Él revela que realmente significan.

En Mateo 9:9-13, Jesús tomó una parte de las Escrituras para explicar lo que estaba haciendo cuando comía con recaudadores de impuestos y pecadores. Los fariseos conocían las Escrituras, pero la revelación que Jesús les dio no coincidía con su propia interpretación de las Escrituras. Tenían que tomar una decisión: creer en su propia interpretación o creer en Jesús. Si creían en su propia interpretación, no podían aceptar lo que Jesús decía. Si creían en Jesús, tenían que cambiar la forma en que interpretaban las Escrituras.

Es importante que recordemos que Jesús es la Verdad. El Espíritu Santo de Cristo nos guía a toda la Verdad. Las Escrituras darán testimonio de esa verdad porque dan testimonio de Jesucristo. Si podemos mantener esto siempre presente, nos ayudará enormemente cuando recibamos revelación.

¿Son las Escrituras las que te guían a toda la verdad, o es el Espíritu Santo? Las Escrituras mismas testifican que la revelación no viene porque estudiemos las Escrituras y entendamos algo con nuestro intelecto. (Juan 5:39). La revelación viene porque nos rendimos al Espíritu Santo, quien nos guía a toda la verdad. Él es el Espíritu de Cristo. Él es quien conoce las cosas profundas de Dios. Él es quien inspiró las Escrituras. Él interpretará lo que significan las Escrituras.

Cuando el Espíritu Santo nos trae una revelación y esta no concuerda con nuestra comprensión de una parte de las Escrituras, entonces debemos reevaluar esa Escritura con el Espíritu Santo. Le permitimos a Él que interprete las Escrituras y nos diga lo que significan, en lugar de decidir nosotros mismos lo que significa algo y asegurarnos de que lo que oímos concuerda con nuestra interpretación.

De alguna manera, toda revelación revelará a Jesús. Al hacerlo, lo exalta. Las Escrituras dicen que todos seremos enseñados por Dios. Su Espíritu escudriña las cosas profundas de Dios y nos las revela en nuestros espíritus. Estas cosas profundas de Dios son revelaciones de Dios, o podríamos decir que son revelaciones de Jesucristo. Él ha venido a nosotros como la revelación de nuestro Padre. Si estás escuchando algo que se presenta como revelación y que no exalta a Jesús, no es una verdadera revelación.

Por ejemplo, muchas enseñanzas sobre el fin de los tiempos exaltan al anticristo y al mal hasta tal extremo que se enseña que los tiempos serán tan malos que Dios tendrá que rescatar a Su Iglesia de ellos porque no podrán soportarlos. Ese tipo de enseñanza no exalta a Jesús. Jesús tomó las llaves de la muerte y del Hades del enemigo y le dio toda la autoridad y el poder a Su Iglesia. Él está viniendo a por una novia victoriosa y pura, que es como Él.

Además, la revelación no engrandecerá al individuo que la trae. (Engrandecer significa hacer más grande o parecer más grande). Todo lo que tenemos lo hemos recibido de Dios. Esto incluye la revelación. Por lo tanto, si recibimos una revelación, proviene del Señor y le dará gloria a Él. Esto no significa que las personas no serán impresionadas con la revelación que recibimos, al igual que pueden impresionarse con los dones del Espíritu Santo, como la profecía o la sanación, etc. Cuando caminas en los dones espirituales, no puedes evitar cómo responden los demás, pero los dones exaltarán a Jesús, independientemente de cómo te vean los demás.

Lo mismo ocurre con la revelación. No puedes evitar que, cuando traes una revelación, la gente empiece a exaltarte. Puedes intentar que dejen de hacerlo, tal como Pablo y Bernabé intentaron que la gente de Listra se abstuviera de ofrecerles sacrificios cuando sanaron a alguien (Hechos 14:8-18). Pablo y Bernabé tuvieron éxito, y luego la gente se volvió contra ellos y apedrearon a Pablo, dejándolo por muerto. Esto solo demuestra que no podemos poner nuestra confianza en las opiniones de los hombres.

De la misma manera, la respuesta de los demás no depende de ti. Sin embargo, cuando recibes una revelación o la escuchas de otra persona, eso exaltará a Jesús. Toda revelación exalta a Jesús.

La mayor parte de la revelación que reciba fuera de la revelación personal vendrá a través de los apóstoles, porque los apóstoles tienen la tarea de traer revelación a la iglesia. Es el Espíritu Santo quien nos guía a toda la verdad, incluida la revelación. Y es por el Espíritu Santo que los apóstoles revelaron las Escrituras. Lo mismo es cierto hoy en día. Los apóstoles reciben revelación por el Espíritu Santo.

Cuando revelan, los apóstoles no levantarán a un libro, sino a Jesús. Cuando adoramos a un libro, todos los versículos tienen el mismo peso. Cuando adoramos al Señor, hay una distinción. Algunos versículos tienen más peso que otros. Todo se basa en lo que el Espíritu Santo revela acerca de Jesús, y son los apóstoles quienes tienen la tarea de llevar la revelación de Jesús a la Iglesia.

Mientras nos adentramos en la Revelación de Jesucristo y el fin de los tiempos, debemos recordar que nuestras opiniones no cuentan, que los estudios no cuentan, que los títulos y doctorados no cuentan. Lo único que realmente importa es la revelación de Jesús. El Espíritu Santo dará testimonio de la verdadera revelación porque Él da testimonio de Jesús. Por lo tanto, pídale que lea este libro con usted y que le guíe a toda la verdad.

CAPÍTULO 2

ESCATOLOGÍA: QUÉ ES Y CÓMO ELEGIR LA ADECUADA

———— ◆◆◆◆◆◆◆ ————

La escatología es el estudio del fin de los tiempos. Es el término que se utiliza cuando alguien define lo que cree que sucederá al final de los tiempos, el fin del mundo, el fin de la humanidad o el fin de la era, etc.

En un sentido básico, la escatología es la creencia de alguien sobre el fin de los tiempos. Hay muchas creencias diferentes sobre lo que sucederá al final de los tiempos, incluso en el Cristianismo, tanto solo como combinado con otras religiones.

Tu visión de cómo acabarán las cosas determinará cómo vives ahora. Si crees que nada de lo que hagas va a cambiar nada y que el mundo se va a acabar en poco tiempo, probablemente vivirás la vida al máximo y sin preocupaciones para disfrutar al máximo ahora. Porque, en fin, ¡nada va a importar, de todos modos! No necesitarías recoger lo que ensucias, ni buscar mejorar nada a largo plazo, ni considerar realmente cómo tus decisiones afectan a los demás o tomar decisiones que afecten a tu vida en el futuro. Se trata de vivir el presente y no preocuparse por el mañana.

Si crees que las cosas van a mejorar en el mundo, que el mundo perdurará durante mucho tiempo y que tú puedes marcar la diferencia, es posible que busques formas de influir en el mundo que te rodea. Puede que ores por creatividad y habilidad para poder contribuir a hacer del mundo un lugar mejor. Te preocuparías por las personas y el mundo que te rodea porque entenderías que seguirá existiendo mucho después de que tú ya no estés. Tus decisiones no serían a corto plazo, sino con visión a largo plazo.

Para ir aún más lejos, si tu escatología incluyera una vida después de la muerte, tomarías decisiones basadas en un futuro eterno, no solo temporal. Considerarías cómo tus decisiones podrían afectarte a ti y a los demás en la eternidad. Para un cristiano, esto significa que te preocuparías por el bienestar eterno de los demás. Si tuvieras la visión de vivir eternamente o morir eternamente, esto influiría en tu forma de interactuar con los demás, porque comprenderías que la vida es más que lo que vemos físicamente en la tierra. Sabrías que las decisiones que tomamos en este mundo afectan lo que nos sucede en el otro mundo. Nuestras acciones están determinadas por lo que creemos.

¿De qué aprovecha, hermanos míos, que alguien diga que tiene fe, si no tiene obras? ¿Puede la fe salvarlo? Si un hermano o una hermana están desnudos y carecen del sustento diario, y alguno de vosotros les dice: «Ve en paz, caliéntate y sáciate», pero no le das lo necesario para el cuerpo, ¿de qué sirve? Así también la fe, si no tiene obras, está muerta. (Santiago 2:14-17)

Santiago dijo que la fe sin obras está muerta, lo que significa que si realmente crees en algo, actuarás en consecuencia. Las personas que realmente creen en la libertad, luchan por ella. Las personas que realmente creen que el aborto es malo, trabajan y rezan para acabar con él. Las personas que realmente creen que Jesús es el Señor, lo siguen. Las personas que realmente creen que Dios es amor, aman a los demás. Las personas que realmente creen que Dios es un recompensador, lo buscan diligentemente. La lista podría continuar. Lo que realmente crees afecta tu forma de actuar.

Por lo tanto, es importante tener la perspectiva de Dios sobre el fin de los tiempos. Tu creencia en lo que Dios revela claramente a través de la revelación de Su Hijo impactará tu forma de vivir en estos tiempos finales.

Entonces, ¿cómo elegimos la escatología correcta en la que creer?

Jesús dijo que vivimos de cada palabra que sale de la boca de Dios, y Pablo testificó que toda sabiduría y conocimiento están ocultos en Cristo (Mateo 4:4, Colosenses 2:3). Por lo tanto, obtenemos la visión correcta del fin de los tiempos por medio de la revelación de Jesucristo. Esa es la única manera. Es hora de que la iglesia comience a vivir por revelación, en lugar de por el intelecto. (Gálatas 1:11-12)

La lógica y la razón son una buena opción para seguir al Espíritu Santo, por lo que mucha gente las elige. El intelecto parece bastante bueno. Y lo es. A través de tu intelecto, puedes razonar y deducir cosas y llegar a conclusiones lógicas. Puedes sopesar diferentes argumentos y opiniones. Puedes determinar qué argumento u opinión tiene más respaldo en las Escrituras. Puedes decidir qué es correcto o qué es incorrecto basándote en tu intelecto. Por lo tanto, al considerar tu escatología, puedes formular lo que crees que es correcto basándote en el razonamiento. Puedes hacerlo. Y puedes estar completamente equivocado.

Pablo dijo que recibió el evangelio que predicaba a través de la revelación de Jesucristo. La revelación es tan superior al intelecto que realmente no se puede comparar. Puede que la revelación no tenga sentido para el intelecto al principio, pero al final se demostrará que es cierta. Y en toda revelación, Jesús será el centro de atención. Él es la revelación del Padre dada a nosotros. Él debe ser el centro de atención. Él es de quien el Padre quiere hablar.

¿Te has dado cuenta de que la mayoría de las personas tienen una visión del fin de los tiempos que se centra casi exclusivamente en el diablo y en lo mal que estarán las cosas? El libro del Apocalipsis es la revelación de Jesucristo, no la revelación del diablo. Centrarse en lo malo hace que la gente aparte la mirada de Jesús y, al hacerlo, mata la fe. Jesús es el autor y consumador de nuestra fe. ¿Cómo vas a estar lleno de fe si tus ojos están puestos en el enemigo, en lo grande y malo que es, y en lo que el enemigo está haciendo y va a hacer? Jesús tiene que ser el centro de tu teología del fin de los tiempos, y lo será si tu escatología se basa en la revelación en lugar de en la lógica o la razón.

La revelación para la iglesia viene a través de los apóstoles. Se puede confiar en que aquellos apóstoles que predican solo por revelación te traerán la verdad sobre el fin de los tiempos. Aquellos apóstoles que han sido entrenados por el Señor para vivir por revelación, enseñarán a otros a hacer lo mismo. Tu espíritu reconocerá cuando algo que se te predica es revelación de Jesucristo. El Espíritu Santo da testimonio a tu espíritu de que lo que estás escuchando es la verdad. «**Entonces conocerás la verdad, y la verdad te hará libre**» —**Jesús**. (Juan 8:32, NVI)

Para recibir revelación, primero debes estar lleno del Espíritu Santo para poder comprender las cosas profundas de Dios; debes estar dispuesto a dejar de lado lo que te han enseñado y lo que crees para que tu corazón pueda estar abierto a lo que el Espíritu Santo te trae con respecto al fin de los tiempos, y debes renunciar a tu derecho a comprender. La fe cree primero y permite que el entendimiento venga después. Lo que el Espíritu Santo trae será revelación y, como tal, exaltará a Jesús.

Ahora bien, en lo que respecta a todos los detalles del fin de los tiempos, debemos tener en cuenta que Jesús nos dice lo que está sucediendo y las Escrituras lo respaldan como testigo. No es al revés. Por lo tanto, no deducimos algo de las Escrituras con nuestro intelecto y luego tratamos de escuchar algo de Dios para respaldarlo. El Espíritu Santo nos guía a toda la verdad y las Escrituras dan testimonio de esa verdad.

Desgraciadamente, la mayoría de los «Cristianos» no entienden realmente lo que significa ser discípulo de Jesucristo. Siguen pensando que tienen «derecho» a tener opiniones. Pero cuando Jesús llamó a sus seguidores «discípulos», mostró con su ejemplo que un discípulo es aquel que da su vida por su Maestro (Lucas 9:23-25). Esto no solo significa que un discípulo debe estar dispuesto a morir físicamente por Jesús. Esto significa que un discípulo renuncia a lo que piensa, a lo que solía ser, a lo que quiere, y en su lugar sigue a Jesús. Eligen escuchar y obedecer a Su Espíritu. Eligen creer que lo que Él dice es verdad en lugar de lo que él cree que es verdad. Eligen renunciar a lo que quiere por lo que Él dice.

El deseo de vivir para uno mismo influye en la teología de algunos Cristianos, especialmente en su escatología. Una vez que alguien ha decidido que tiene razón sobre algo, se necesita mucha humildad para cambiar de opinión y admitir que está equivocado. Si un cristiano no ha aprendido a morir a sí mismo como discípulo de Jesús, cambiar de opinión sobre lo que cree es realmente aterrador.

Cuando formulas una opinión, tienes que defenderla. Sin embargo, si vives según la revelación, estás convencido en tu corazón de lo que Dios te ha revelado, y lo que otras personas creen no te hace ponerte a la defensiva ni enfadarte. Si te cuestionan tus creencias, eres capaz de explicar lo que crees, sin necesidad de convencer a nadie más. Confías en que el Espíritu Santo hará su trabajo en el corazón de los demás, y solo dices lo que Él te inspira en ese momento.

Vivir por revelación significa que la verdad está en tu corazón y que tu confianza está en Jesús. No es solo algo que dices, sino algo que vives. Cuando tienes opiniones, no estás confiando en Jesús. En cambio, confías en que tu intelecto te ha llevado a las conclusiones correctas y, en consecuencia, debes depender de ti mismo para defender tus puntos de vista. Es bastante estresante. Y te lleva a rechazar a otros que no creen lo mismo que tú.

El orgullo siempre rechaza la idea de que pueda estar equivocado. La humildad está de acuerdo con Dios. Si has intentado hablar de escatología con personas que se ponen a la defensiva y no están dispuestas a discutir el tema, es porque tienen un ídolo que se interpone en el camino de Jesús. Han construido sobre una base defectuosa basada en el intelecto, y les resultará doloroso derribarla. Han elevado algo que creen que está por encima de la Verdad misma. Tendrán que arrepentirse para poder ver la verdad. Puedes orar por ellos, pero es poco probable que te dejen orar con ellos, porque entonces tendrían que admitir que pueden necesitar ayuda, y ¿quién necesita ayuda si lo tiene todo bien?

Cuando hables del fin de los tiempos con la gente, evita las opiniones y busca solo la revelación del Señor. Evitarás muchas discusiones y penas innecesarias si tu objetivo es la verdad que hay en Jesús.

Cuando tenemos una fortaleza sobre algo, tendemos a interpretar las Escrituras de acuerdo a nuestra fortaleza. Es como tener cataratas en los ojos. Cambian nuestra visión de las cosas. Juan 12:34 dice: «**La gente le respondió: »Hemos oído de la ley que el Cristo permanece para siempre; ¿y cómo puedes decir Tú: "Es necesario que el Hijo del Hombre sea levantado"? ¿Quién es ese Hijo del Hombre?"**. Como Jesús no hacía las cosas como ellos interpretaban la Escritura, la gente pensó que no podía ser el Mesías. Sin embargo, interpretaron mal las Escrituras. De manera similar, si a usted se le ha enseñado que la Iglesia debe escapar de la tribulación, usted leerá la Escritura con esa mentalidad y le será difícil ver que no escapará de la tribulación. Jesús dice acerca de la iglesia en Esmirna en Apocalipsis 2:9a, «**Yo conozco tus obras, la tribulación...**». Estas personas ya estaban pasando por tribulación, y no ha dejado de sucederles a los creyentes aún hoy en día.

Necesitamos buscar al Señor antes de aceptar algo como verdad. Pídale al Señor que le muestre la verdad sobre el rapto, la tribulación y el fin de los tiempos. Esté dispuesto a dejar a un lado lo que cree. Él le mostrara si usted sinceramente quiere saber. Sea paciente. El hecho de dejar algo no significa estar equivocado, pero podría serlo, y se necesita estar dispuesto a estar equivocado para conocer la verdad. Jesús es la Verdad y Él nos guía en toda la verdad por Su Espíritu Santo el cual Él nos ha dado.

Pablo escribe en 1 Tesalonicenses 3:4: «**Porque, en efecto, ya os dijimos antes, cuando estábamos con vosotros, que sufriríamos tribulación, tal como ha sucedido, y vosotros lo sabéis.**» Pablo y sus compañeros sufrieron tribulación. Los creyentes de todo el mundo sufren tribulación. Sucede todo el tiempo. Se nos promete persecución por seguir a Jesús. No es nada de que tener miedo. Somos glorificados cuando sufrimos con Él, dice la Biblia (Romanos 8:17). Jesús no fue raptado sin sufrimiento, y nosotros tampoco lo seremos.

Nuestra fe y nuestro amor deben ser probados, y a menudo son probados a través del sufrimiento. ¿Seguiremos creyendo y seguiremos amando en medio del sufrimiento? Todo lo que tiene valor es probado, y las tribulaciones y las pruebas nos ayudan a hacerlo.

La línea de base para la teología del fin de los tiempos debe ser lo que Jesús dijo claramente, porque lo que Jesús dice es lo que tiene más peso. Por lo tanto, cuando Jesús nos da parábolas para explicar cómo será el final de los tiempos, debemos asegurarnos de que lo que Él dice sea nuestra base de creencia. En la Parábola del Trigo y la Cizaña, Jesús nos explica cómo es el Reino de los Cielos y lo que sucederá durante el fin de los tiempos.

Otra parábola les expuso, diciendo: "El Reino de los cielos es semejante a un hombre que sembró buena semilla en su campo; pero mientras los hombres dormían, vino su enemigo, sembró cizaña entre el trigo y se fue. Pero cuando el grano brotó y produjo una cosecha, apareció también la cizaña. Entonces se acercaron los siervos del dueño y le dijeron: "Señor, ¿no sembraste buena semilla en tu campo? ¿Cómo, pues, tiene cizaña? Él les contestó: «Lo ha hecho un enemigo». Los criados le dijeron: "¿Quieres, pues, que vayamos y la recojamos? Pero él les dijo: "No, no sea que al recoger la cizaña arranquéis también con ella al trigo. Dejad que ambos crezcan juntos hasta la siega, y al tiempo de la siega diré a los segadores: 'Recoged primero la cizaña y atadla en manojos para quemarla, pero recoged el trigo en mi granero'". (Mateo 13:24-30)

Entonces Jesús despidió a la multitud y entró en casa. Sus discípulos se acercaron a Él y le dijeron: "Explícanos la parábola de la cizaña del campo". Él les respondió "El que siembra la buena semilla es el Hijo del hombre. El campo es el mundo, las semillas buenas son los hijos del Reino, pero la cizaña son los hijos del maligno. El enemigo que la sembró es el diablo, la cosecha es el fin de los tiempos y los segadores son los ángeles. Por lo tanto, así como la cizaña es recogida y quemada en el fuego, así será al final de esta era. El Hijo del hombre enviará a sus ángeles, y juntarán y sacarán de su reino a todos los que sirven de tropiezo y a los que practican la iniquidad, y los echarán en el horno de fuego. Allí será el llanto y el crujir de dientes. Entonces los justos brillarán como el sol en el reino de su Padre. El que tenga oídos para oír, que oiga". (Mateo 13:36-43)

El Hijo del Hombre, que es Cristo, sólo siembra buena semilla. No puede sembrar mala semilla. No puede hacer el mal. Sólo hace lo que ve hacer a Su Padre. No hay maldad en Dios. No hay maldad en el Hijo. Esto significa que los que están en Cristo son buenos. Ellos son la semilla buena que se desarrolla en el trigo. Cuando el trigo madura, se inclina porque la cabeza se vuelve pesada con el grano. Esto es verdad de los que maduran en Cristo, se hacen más humildes a medida que maduran, se hacen más como su Maestro, que no podía hacer nada por sí mismo, sino que sólo hacía lo que veía hacer a su Padre. Cuando morimos a nosotros mismos y vivimos para Dios, estamos de acuerdo con el SEÑOR en todo. Abandonamos las opiniones, mentiras, y deseos egoístas a cambio de Sus pensamientos, la verdad, y Sus caminos. El trigo maduro se inclinará. Los hijos maduros se inclinarán.

Por el contrario, la cizaña crecerá con el trigo, pareciéndose mucho al trigo hasta que llegue el momento de la madurez. En este caso, la cizaña seguirá de pie, mientras que el trigo se inclinará. En la parábola de Jesús, la cizaña son los hijos del maligno. Los hijos del diablo no se inclinarán ante Jesús. No permitirán que Jesús sea la cabeza, y son reconocidos por quienes son a medida que el trigo y la cizaña maduran juntos.

En este punto, los ángeles entran y sacan la cizaña. La cizaña es fácil de detectar porque en su orgullo, se mantienen erguidos. No se avergüenzan de su maldad, y buscan los elogios de los hombres mientras se yerguen orgullosos al viento. Los ángeles son enviados para sacarlos.

Después de que los ángeles eliminen a los que son hijos del diablo, ¿qué quedará? Los hijos de Dios brillarán en el reino de su Padre. Sin los hijos del diablo, los hijos de Dios, o los justos, son los únicos que quedan.

Esta misma verdad se reitera en la parábola de la red de arrastre.

"De nuevo, el reino de los cielos es semejante a una red que, echada al mar, recogió un poco de todo, y cuando estuvo llena, la sacaron a la orilla; y se sentaron y recogieron lo bueno en recipientes, pero lo malo lo desecharon. Así sucederá al final de los tiempos. Saldrán los ángeles, separarán a los malvados de entre los justos y los arrojarán al horno de fuego. Allí será el llanto y el crujir de dientes". (Mateo 13:47-50)

Jesús vuelve a darnos una imagen de cómo es el Reino de los Cielos. Dice que los hijos del maligno son como peces malos. ¿Quién quiere comer pescado malo? Nadie. Al igual que en la Parábola del Trigo y la Cizaña, los ángeles son enviados a recoger los peces malos y arrojarlos al fuego. Los ángeles están literalmente sacando a los hijos del diablo de la tierra.

Los que quedan son los peces buenos. Sabemos que éstos son los hijos de Dios porque nadie es bueno excepto los que se encuentran en Cristo.

En cada parábola, Jesús nos muestra cómo es el Reino de los Cielos. En el Reino no existe el mal. Los ángeles se encargan de eliminar el mal cuando madura. Y a los justos se les deja brillar como el sol en el Reino de su Padre. En otras palabras, parece que el mal es eliminado, el bien es dejado, y la justicia prevalece.

Esa es la base de la teología del fin de los tiempos. Estas son dos parábolas comparables que Jesús nos enseñó para mostrarnos específicamente cómo sería el final de los tiempos. Si miras a tu alrededor, puedes verlo sucediendo incluso ahora.

Aunque esta es nuestra línea base, Jesús dejó muy claro que nadie sabría el tiempo de Su regreso, ni los ángeles en el Cielo, ni siquiera el Hijo. Eso es interesante porque sabemos que los ángeles pueden ver hacia adelante para planear donde estar para ayudarnos cuando lo necesitemos y así sucesivamente. Pero este evento en particular está oculto para ellos. También sabemos que Jesús ha regresado al Padre y está glorificado, y aun así el tiempo de Su regreso está oculto a Él también.

> "Pero de aquel día y de aquella hora nadie sabe, ni siquiera los ángeles del cielo, sino sólo mi Padre. Pero como en los días de Noé, así será también la venida del Hijo del hombre. Porque así como en los días antes del diluvio todos estaban comiendo y bebiendo, casándose y dándose en casamiento, hasta el día en que Noé entró en el arca, y no lo supieron

hasta que vino el diluvio y se los llevó a todos, así será también la venida del Hijo del hombre. Entonces dos hombres estarán en el campo; uno será tomado y el otro dejado. Dos mujeres estarán moliendo en el molino; una será tomada y la otra dejada. Velad, pues, porque no sabéis a qué hora ha de venir vuestro Señor. Pero sabed esto: que si el dueño de la casa hubiera sabido a qué hora iba a venir el ladrón, habría velado y no habría permitido que asaltaran su casa. Por tanto, estad también vosotros preparados, porque el Hijo del hombre vendrá a la hora que no pensáis." (Mateo 24:36-44)

Así que, aunque Jesús y los ángeles no saben cuándo será el fin, los hombres siguen tratando de averiguarlo. Se escriben libros y sermones diciéndonos que necesitamos buscar este evento en particular o esa señal en particular antes de que Jesús regrese. Ellos hacen todo esto con sus mentes, incluso entendiendo que no podemos conocer las cosas de Dios a través de nuestro intelecto. Sólo podemos conocer las cosas de Dios por el Espíritu de Dios. Por lo tanto, a menos que el Espíritu Santo nos revele algo, no tenemos entendimiento sobre ese tema en particular. Y sin embargo, los hombres, incluso hombres que son altamente exaltados en la «iglesia», creen que saben cómo serán las cosas. Ellos creen que saben lo que va a pasar y cuándo.

Basan todo este supuesto conocimiento en lo que han descubierto al juntar las Escrituras para hacer que esas Escrituras encajen en un resultado deseado. Pero de alguna manera se pierden lo que Jesús dijo que sería el final. Cuando leemos las Escrituras, lo más importante es prestar atención a lo que Jesús dijo. Él es la Palabra de Dios, y por lo tanto, lo que Él dijo en las Escrituras tiene el mayor peso. Jesús dijo que sería como en los días de Noé.

En los días de Noé, la gente del mundo no tenía ni idea de lo que se avecinaba. Seguían con sus vidas trabajando, casándose, celebrando fiestas de cumpleaños, ocupándose de sus asuntos **«hasta que vino el diluvio y se los llevó a todos».** (Mateo 24:39) No se dieron cuenta de que los malvados estaban siendo sacados de la tierra. No se dieron cuenta de que se avecinaba un juicio, a pesar de que Noé evidentemente había estado predicando la justicia mientras construía el arca (2 Pedro 2:5). Los malvados crecieron junto con los justos hasta que fueron sacados, y así es como será al final, lo que puede verse claramente en la parábola de Jesús del trigo y la cizaña. (Mateo 13:24-30, 36-43)

Podemos ver que los últimos días están sobre nosotros. Podemos ver, de acuerdo con las Escrituras y las palabras proféticas actuales dadas a los Profetas, que estamos en el punto donde los malvados son sacados y la gran cosecha está comenzando. Aquellos que escuchan al Espíritu Santo y tienen ojos para ver pueden creer esto y verlo. Y sin embargo, aunque podemos ver esto como revelado por el Espíritu Santo, no sabemos cuándo será el fin.

Aquellos que no ven y no someten su intelecto al Espíritu Santo continuarán usando su intelecto para tratar de descifrar algo, declarando un conocimiento que no tienen. Jesús dijo que nadie sabría cuando vendría el fin, y aunque podamos ver las cosas que el Espíritu Santo nos revela, no declaramos saber cuándo vendrá el fin. Aquellos que lo hacen no te lo están diciendo por revelación de Jesucristo. Te lo están diciendo por un espíritu diferente. No los escuches.

Jesús ni siquiera sabe el tiempo que el Padre ha reservado para Él. Nosotros tampoco lo sabemos. Lo que sí sabemos es que va a ser bueno para los que están en Cristo.

CAPÍTULO 3

¿Y QUÉ SOBRE UN RAPTO?

De acuerdo con el Diccionario de la Herencia Americana del Idioma Inglés, 5ª Edición, «Rapto» significa:

1. El estado de ser transportado por una emoción elevada; éxtasis.
2. Expresión de un sentimiento extático.
3. El transporte de una persona de un lugar a otro, especialmente al cielo, por medios sobrenaturales.

Cuando los cristianos se refieren al «rapto» se refieren a la enseñanza de que Jesús va a sacar a Su iglesia de la tierra en algún momento, y las únicas personas que quedarán serán los no creyentes. Hay tantas enseñanzas diferentes con respecto a esto, que puede ser mareante. Un grupo argumenta por un rapto antes de lo que les gusta llamar la «Gran Tribulación». Otros argumentan a favor de un rapto durante la «Gran Tribulación». Y otros defienden un rapto después de la «Gran Tribulación». Algunas personas piensan que el número de años dados en la Escritura son literales. Otros piensan que el número de años es figurativo. Algunas personas piensan que la segunda venida de Jesús y el rapto son un solo evento. Algunos piensan que la segunda venida está separada del rapto, y que el rapto ocurre primero, haciendo que sean dos segundas venidas.

Todo esto es muy confuso y altamente intelectual. Hay escrituras que son usadas para defender cada punto de vista particular con sus propios detalles variantes. Hay eruditos que respaldan cada punto de vista del rapto. Y hay libros y más libros escritos para tratar de responder a todas las preguntas planteadas por esta enseñanza. Debido a que la enseñanza del rapto contradice mucho a la Biblia y lo que Jesús nos enseñó, y realmente sobre quién es Dios y cómo Él opera, requiere que estos eruditos de la Biblia básicamente salten a través de aros para responder a todas las preguntas planteadas. Incluso me encontré con la respuesta de una de estas personas a la pregunta: ¿Qué sucede con el Espíritu Santo después del rapto de la Iglesia? La persona dijo que el Espíritu Santo ya no es necesario en ese momento. ¿Qué? ¿Realmente? Claramente, ellos no tienen un entendimiento de Jesús, el poder de Dios, o las Escrituras. Jesús dijo que nos daría el Espíritu Santo para estar con nosotros para siempre y que nunca nos dejaría ni nos abandonaría. (Juan 14:16, Hebreos 13:5) Además de eso, ¿Cómo somos santos si no tenemos el Espíritu Santo? ¿De repente seremos santos por nuestro propio esfuerzo en el cielo?

La enseñanza sobre rapto es demoníaca. No viene del Espíritu Santo. Jesús te ha dado el poder a través de Su Espíritu para vencer todo el poder del enemigo, y Jesús está siempre contigo a través de Su Espíritu, el que Él te ha dado para morar en ti para siempre. Entonces, ¿De dónde vino la enseñanza del rapto?

Hay varias personas de las cuales podríamos decir que partió la enseñanza del rapto en los últimos cientos de años. Hubo un predicador Bautista llamado Morgan Edwards que predicó el rapto en los años

1700. Posiblemente el predicador más famoso del rapto, y el que realmente puso la enseñanza en marcha es John Darby, que comenzó a predicar de un rapto en 1827. Luego hubo una mujer llamada Margaret MacDonald que tuvo una visión en 1830 que la gente dijo que fue una visión del rapto. He leído la visión, y no veo ningún rapto en ella. Parece ser una visión en la cual ella está profetizando acerca del derramamiento del Espíritu Santo y el levantamiento de Jesús en los últimos días. Parece como si John Darby hubiera tomado la visión de ella y la hizo «encajar» con lo que él estaba enseñando para llevar a la gente por mal camino. Sin embargo, se le atribuye a ella el haber ayudado a que la enseñanza del rapto ganara impulso.

Lo que no encontramos cuando buscamos en la historia donde comenzó la enseñanza del rapto es a Jesús enseñando sobre un rapto. Él no lo enseñó. Los primeros apóstoles no enseñaron sobre un rapto, aunque algunos de sus escritos son interpretados de esa manera. Y los apóstoles que vinieron después de los 12, como el Apóstol Pablo, tampoco enseñaron sobre un rapto.

Jesús y Sus apóstoles ciertamente enseñaron que Jesús vendría de nuevo de la misma manera que lo vieron partir, pero no enseñaron sobre un rapto. De hecho, si Jesús está diciendo que Su pueblo lo vería regresar de la misma manera en que se fue, es una indicación bastante obvia de que Su pueblo aún estará en la tierra cuando Él regrese.

Y habiendo dicho estas cosas, estando ellos mirando, fue alzado, y le recibió una nube que le ocultó de sus ojos. Y mientras ellos miraban fijamente al cielo mientras Él subía, he aquí dos hombres vestidos de blanco que estaban junto a ellos, y que también decían: «Galileos, ¿por qué estáis

mirando al cielo? Este mismo Jesús, que fue arrebatado de vosotros al cielo, así vendrá como le habéis visto ir al cielo.» (Hechos 1:9-11)

Para poder saber si la iglesia será o no raptada fuera del mundo si las cosas se ponen demasiado mal para que ellos puedan soportarlo, tenemos que saber cuál es el propósito de la iglesia.

Jesús nos dijo varias cosas, una de las cuales era ir por todo el mundo y hacer discípulos de todas las naciones. (Mateo 28:19) Si fuera a haber un rapto, ciertamente no podríamos irnos antes de haber cumplido esta tarea.

Otra tarea que el Señor enseñó a Su iglesia es hacer conocer a los principados y potestades la amplia sabiduría de Dios. (Efesios 3:10) Si la iglesia fuera a ser sacada de la tierra, ya no podríamos cumplir con este llamado.

Su intención era que ahora, por medio de la iglesia, se diera a conocer la amplia sabiduría de Dios, en toda su diversidad, a los gobernantes y autoridades en los reinos celestiales, conforme a su propósito eterno que realizó en Cristo Jesús, Señor nuestro. (Efesios 3:10-11, NVI)

Es la intención de Dios que el evangelio sea proclamado a través de la iglesia y que a través de la iglesia la múltiple y amplia sabiduría de Dios sea revelada a los poderes de las tinieblas. No es Su intención quitar a la iglesia del camino, porque es la iglesia la que lleva el evangelio al mundo. La creación entera está gimiendo mientras espera que los hijos de Dios sean revelados. ¿Por qué? Porque aquellos de nosotros que hemos nacido de nuevo y estamos llenos del Espíritu del SEÑOR estamos comisionados para traer el cielo a la tierra. La creación ha estado atada desde la Caída del hombre y está esperando la libertad. (Ver Romanos 8:19-23.)

Predicamos el evangelio del Reino con señales y maravillas que nos siguen en preparación para el regreso del Rey. Al hacerlo, establecemos Su reino en la tierra.

La palabra «apóstol» procede de Roma. En los días del reino romano, los apóstoles eran enviados a hacer que los territorios conquistados fueran como Roma, para que cuando el emperador viniera de visita, se sintiera cómodo, se sintiera como en casa. Jesús también envía apóstoles para conquistar territorios y hacerlos como el Cielo para que cuando Él regrese, se sienta como en casa. La Iglesia tiene como meta traer Su reino a la tierra. ¿Por qué entonces Jesús regresaría y se llevaría a la iglesia cuando Sus apóstoles dirigen a la iglesia para traer el Cielo a la tierra para Su regreso? No tiene ningún sentido. Por el contrario, cuando Jesús regresa, son los malvados y los transgresores los que son llevados, no los justos.

Los apóstoles y los profetas ponen los fundamentos a la Iglesia porque traen la revelación de Jesucristo a la Iglesia. Como escribe Pablo:

Así que ya no sois extranjeros ni advenedizos, sino conciudadanos de los santos y miembros de la familia de Dios, edificados sobre el fundamento de los apóstoles y profetas, siendo la principal piedra angular Jesucristo mismo, en quien todo el edificio, bien coordinado, va creciendo hasta llegar a ser un templo santo en el Señor, en quien vosotros también sois juntamente edificados para morada de Dios en el Espíritu. (Efesios 2:19-22)

Mucha gente ha establecido un fundamento de creencia que se basa en la ideología del rapto. Si el rapto no es realmente cierto, tienen que rehacer la totalidad de lo que creen. Esto es algo muy difícil de lograr. Por un lado, es difícil admitir que estás equivocado en algo. Y por otro, si has basado la mayor parte de tus creencias en algo que es falso, tienes que empezar de nuevo. Eso parece desalentador y da miedo a la gente. Y sin embargo, eso es exactamente lo que hay que hacer.

La enseñanza con respecto a un rapto no se basa en la revelación de Jesús, por lo que, para empezar, es defectuosa. Y es una enseñanza que aplasta todo lo demás, tanto que la esperanza de aquellos que creen en un rapto radica en ser raptados fuera de este mundo. Ahí es donde reside su esperanza. No es Jesús en ellos; es Jesús sacándolos.

Debido a que la enseñanza del rapto es una mentira, todo está basado en el engaño. Por lo tanto, a aquellos que lo creen, les parece que están confiando y esperando en Jesús. Él es en quien ellos esperan que los salve de sus problemas y por lo tanto piensan que su esperanza está en El. Sin embargo, su esperanza está en escapar. Jesús no escapó de sus tribulaciones y pruebas. Y Él prometió que nosotros también pasaríamos por tribulaciones y pruebas. Fue una promesa (Juan 16:33). La prueba de nuestra fe a través de estas pruebas y tribulaciones trae gran recompensa. ¿Venceremos por fe, o no? A través de Jesús podemos hacer todas las cosas, y cuando confiamos en Él, ¡venceremos!

> **En esto regocijaos mucho, porque ahora por un poco de tiempo, si es necesario, habéis sido afligidos por diversas pruebas, para que la autenticidad de vuestra fe, siendo mucho más preciosa que el oro que perece, aunque sea probada por fuego, sea hallada para alabanza, honor y gloria en la revelación de Jesucristo.** (1 Pedro 1:6-7)

Con un entendimiento de quiénes somos en Cristo, quién es Él en nosotros, y el propósito de la iglesia como base, veamos algunas de las preguntas que la gente tiene con respecto a las Escrituras que han sido usadas para enseñar sobre el rapto. El primer pasaje proviene de 2 Tesalonicenses 2:1-12.

Ahora bien, hermanos, en cuanto a la venida de nuestro Señor Jesucristo y nuestra reunión con él, os rogamos que no os dejéis alterar pronto en el ánimo ni os turbéis, ni por espíritu, ni por palabra, ni por carta, como si viniera de nosotros, como si el día de Cristo ya hubiera llegado. Que nadie os engañe en modo alguno; porque ese Día no vendrá sin que antes venga la apostasía, y se manifieste el hombre de pecado, el hijo de perdición, que se opone y se levanta sobre todo lo que se llama Dios o es objeto de culto, de tal manera que se sienta como Dios en el templo de Dios, haciéndose pasar por Dios. ¿No recordáis que cuando aún estaba con vosotros os dije estas cosas? Y ahora sabéis lo que le detiene, para que se manifieste a su debido tiempo. Porque el misterio de la legalidad ya está trabajando, sólo que el que ahora lo detiene lo hará hasta que sea quitado de en medio. Y luego se manifestará el ilegítimo, a quien el Señor consumirá con el aliento de su boca y destruirá con el resplandor de su venida. La venida del ilegítimo es según el trabajo de satán, con todo poder, señales y prodigios mentirosos, y con todo injusto engaño entre aquellos que se pierden, por cuanto no recibieron el amor de La Verdad para ser salvos. Y por esto Dios les enviará un fuerte engaño, para que crean la mentira, a fin de que sean condenados

todos los que no creyeron a La Verdad, sino que se complacieron en la injusticia.

Algunas personas tienen dificultades para entender el pasaje anterior porque se les ha enseñado que la iglesia está frenando el mal y cuando la iglesia se quite del camino, entonces el mal puede salirse con la suya. Sin embargo, en estos versos Pablo está viendo en el espíritu. Él está viendo la ilegalidad (el incumplimiento de la Ley) y la separación (de Dios). Él está viendo lo que Jesús profetizó en Mateo 24 acerca del templo destruido. Él está viendo el futuro cercano (a 20 años vista), y él está viendo a la vez el futuro muy distante (el Gran Reestablecimiento del Señor y la cizaña eliminada). Cuando vemos una visión y escuchamos una profecía, podría ser muy fácil ponerlo todo en un solo periodo de tiempo, pero frecuentemente ese no es el caso. En cambio, la profecía puede suceder a través del tiempo, y/o no toda a la vez. Partes de ella pueden suceder en un tiempo y partes en otro tiempo.

En este caso, el hombre de pecado no es necesariamente un hombre (la palabra griega es neutral en cuanto al sexo). En cambio, es el espíritu detrás de la ilegalidad o incumplimiento de la Ley, al igual que el anticristo es un espíritu. Juan escribió que hay muchos anticristos en el mundo.

El Señor dice que cuando los malvados sean eliminados, va a ser mejor, mucho mejor de lo que jamás hayamos soñado. Eso se parece a lo que muchos llaman «reino milenario». Es el Reino de los Cielos en la tierra. Los espíritus malignos que han estado trabajando en el sistema mundial de Babilonia no quieren ser revelados. No quieren que sepamos qué hay detrás de todo esto, que es demoníaco. Lo demoniaco quiere permanecer oculto.

Son los ángeles de Dios los que están revelándolo en este momento. En particular, el ángel de Los Vientos de Cambio ha estado destapando la corrupción y desenmascarando el engaño. Al hacer esto, los espíritus de maldad y la gente que está de acuerdo con ellos son revelados y desenmascarados. El enemigo se esconde detrás del engaño, pero cuando es revelado, entonces puede ser tratado y destruido. Por eso Jesús dijo: **«Porque todo el que practica la maldad odia la luz y no viene a la luz, para que sus obras no sean descubiertas»** (Juan 3:20).

Por lo tanto, contrariamente a la enseñanza popular, no es que los espíritus quieran revelarse y estén esperando a que algo bueno ocurra para poder revelarse. ¡No! Al contrario, ¡lo demoníaco no quiere ser revelado! Ellos se esconden tras el engaño, y es la luz la que expone la oscuridad para que el poder de la oscuridad pueda ser quebrantado.

Otro pasaje de la Escritura usado para enseñar la idea del rapto viene de 1 Tesalonicenses 4:13-18.

Pero no quiero, hermanos, que ignoréis acerca de los que cayeron dormidos, a menos que os entristezcáis como los que no tienen esperanza. Porque si creemos que Jesús murió y resucitó, así también traerá Dios consigo a los que duermen en Jesús. Porque esto os decimos por la palabra del Señor: que nosotros, los que vivimos y permanezcamos hasta la venida del Señor, de ningún modo precederemos a los que duermen. Porque el Señor mismo descenderá del cielo con un grito, con la voz de un arcángel y con la trompeta de Dios. Y los muertos en Cristo se levantarán primero. Entonces nosotros, los que estemos vivos y permanezcamos,

seremos arrebatados juntamente con ellos en las nubes para recibir al Señor en el aire. Y así estaremos siempre con el Señor. Confortaos, pues, unos a otros con estas palabras.

Cada generación desde que Jesús ascendió al Cielo ha creído que era la generación que daría la bienvenida al regreso del Señor. Esto es especialmente cierto para aquellos que lo vieron ascender al Cielo. Se les dijo que lo verían regresar de la misma manera en que se había ido. Asumieron que eso significaba que ellos serían los que lo verían regresar. No entendieron que ellos podrían «dormirse» primero, y por eso les preocupó cuando algunos de los creyentes empezaron a morir. Estaban comprensiblemente confundidos porque no estaban seguros de lo que les sucedería a los que habían muerto. Esta preocupación es la que Pablo trata en 1 Tesalonicenses 4.

Pablo comienza el capítulo 4 advirtiendo a la Iglesia para que se guarden de la inmoralidad sexual porque sus cuerpos son santos. Luego los instruye a caminar en amor y paz unos con otros y en relación a los que están fuera de la iglesia. Luego Pablo aborda el tema de los que han dormido en Cristo. (Siempre que la frase «dormido» o algo parecido se utiliza en las Escrituras se refiere a un creyente que ha muerto). Pablo asegura a la iglesia que los cristianos fallecidos serán resucitados al regreso de Cristo. No se perderán la resurrección de los muertos sólo porque hayan muerto. Todos recibiremos juntos nuestros nuevos cuerpos, y como los que nos han precedido en la muerte ya están con el Señor, volverán con Él para recibir sus cuerpos.

Hebreos 11:39-40 (NVI) se refiere a los creyentes que nos han precedido. Dice: **"Todos ellos fueron alabados por su fe, pero ninguno recibió lo que se les había prometido. Dios había** planeado algo mejor para que sólo junto con nosotros fueran hechos perfectos". En otras palabras, aún no recibieron la resurrección de sus cuerpos, pero lo harán con nosotros, los que quedamos en la tierra, cuando Jesús regrese.

Volviendo a 1ª de Tesalonicenses, continuemos en el capítulo 5. Recuerden cuando lean estas cartas, que son cartas y no fueron escritas en capítulos, y por lo tanto, lo que Pablo está escribiendo no termina al final del capítulo 4, sino que continúa en el capítulo 5.

Pero acerca de los tiempos y las épocas, hermanos, no tenéis necesidad de que yo os escriba. Porque vosotros mismos sabéis perfectamente que el día del Señor vendrá igual que un ladrón en la noche. Porque cuando digan: «¡Paz y seguridad!», entonces les sobreviene destrucción repentina, como los dolores de parto a una mujer encinta. Y no escaparán. Pero vosotros, hermanos, no estáis en tinieblas, para que este Día os sorprenda como un ladrón. Todos vosotros sois hijos de la luz e hijos del día. Nosotros no somos ni de la noche ni de las tinieblas. No durmamos, pues, como los demás, sino velemos y seamos sobrios. Porque los que duermen, de noche duermen, y los que se emborrachan, de noche se emborrachan. Pero nosotros, que somos del día, seamos sobrios, vistiéndonos con la coraza de fe y amor, y como yelmo la esperanza de la salvación. Porque Dios no nos destinó a la ira, sino a obtener la salvación por medio de nuestro Señor Jesucristo, que murió por nosotros, para que, estemos despiertos o dormidos, vivamos juntamente con Él.

Por tanto, confortaos unos a otros y edificaos unos a otros, como también estáis haciendo. (1 Tesalonicenses 5:1-11)

Los defensores del rapto señalan el versículo 9 donde Pablo escribe que Dios no nos destinó a la ira. Esto es correcto. Si usted está en Cristo, ¡la ira de Dios no está sobre usted! Sin embargo, Pablo no está enseñando acerca de ser raptado para escapar de la ira. Usted escapa de la ira por estar en Cristo, no por escapar del mundo.

En vez de enseñar acerca del rapto, Pablo está enseñando el camino de la santidad para que no andemos en tinieblas. Somos hijos de la luz y debemos caminar como los que estamos en la luz. No participamos en las malas obras de las tinieblas como aquellos que vienen bajo la ira de Dios. Jesús se hizo pecado por nosotros para que pudiéramos llegar a ser la justicia de Dios en Él (2 Corintios 5:21). Debido a esto, no estamos destinados a la ira, sino a la salvación por medio de Jesucristo para que, ya sea que estemos vivos o «dormidos», podamos vivir con Cristo. Por lo tanto, ser «arrebatados» junto con los que nos han precedido significa simplemente que el cuerpo de Cristo será unido cuando Él venga de nuevo.

Todo lo que no es de Jesús será sacudido y destruido. La fe sufre cuando no está en Cristo porque nuestra fe debe estar sólo en la Roca, que es Jesús. Solo Él puede estar firme y hacernos estar firmes. Solo necesitamos escuchar al SEÑOR. Todo el tiempo, el Espíritu Santo nos guía a toda La Verdad. Por lo tanto, predicamos a Jesús y a Él crucificado, no raptado.

Cuando Jesús regrese, será obvio. Mateo 24:27 dice: «**Porque como un relámpago que sale del oriente y se hace visible hasta el occidente, así será la venida del Hijo del Hombre**». En otras palabras: Su regreso será visible. Podremos verlo. No habrá un regreso furtivo que usted pueda perderse o un regreso furtivo para agarrar a algunas personas y luego irse y regresar más tarde para un tercer regreso. Sólo hay un regreso más, y Jesús advirtió específicamente a Sus seguidores que no creyeran que Él iba a regresar hasta después de la tribulación de los últimos días. Él dice en Mateo 24:26, 29-30,

> **"Por tanto, si os dicen: "Mirad, está en el desierto", no salgáis; o "Mirad, está en las habitaciones interiores", no lo creáis... Inmediatamente después de la tribulación de aquellos días, el sol se oscurecerá, y la luna no dará su resplandor; las estrellas caerán del cielo, y las potencias de los cielos serán conmovidas. Entonces aparecerá en el cielo la señal del Hijo del hombre, y entonces se lamentarán todas las tribus de la tierra, y verán al Hijo del hombre viniendo sobre las nubes del cielo con poder y gran gloria."**

Así que Jesús nos advierte que no nos dejemos engañar por aquellos que dicen que Él vendrá antes de cualquier clase de tribulación. No es así. Esto es evidente en Hebreos 9:28, que dice: "... **así Cristo fue ofrecido una sola vez para llevar los pecados de muchos. A los que le esperan se les aparecerá por segunda vez, sin pecado, para salvación.**" Él no va a venir una segunda vez a escondidas y luego una tercera vez. La Biblia dice claramente que Él vendrá sólo una segunda vez, puesto que ya ha estado aquí la primera vez.

El hecho de que Jesús no volverá por el pecado, sino por la salvación, es también la razón por la que Pablo les dice a los tesalonicenses en 1ª de Tesalonicenses 4:13-5:11 que no deben entristecerse ni perder la esperanza cuando muera un hermano o una hermana. Porque los volveremos a ver porque Jesús vendrá de manera evidente, juzgará a los malvados y reunirá a los fieles con Él para nuestra salvación. Por eso dice en 1 Tesalonicenses 5:9 que no estamos destinados a la ira, sino a la salvación. La segunda venida de Jesús significa que una persona experimentará o la ira o la salvación. Cuando estamos en Cristo, nuestro destino es la salvación.

El profeta Malaquías profetizó que el Señor enviaría a Elías antes de la venida del Señor. Los tres apóstoles en el Monte de la Transfiguración fueron confundidos acerca de esto porque vieron a Elías con Jesús en la montaña, sin embargo la profecía decía que Elías vendría antes que el Mesías. Jesús les respondió explicándoles que Elías había venido, es decir, Juan el Bautista, y que Elías vendría, es decir, la Iglesia. Juan vino en el Espíritu de Elías porque Elías vino por el poder del Espíritu de Profecía (que es el Espíritu Santo). Jesús pudo decir que Elías aún vendría porque el Espíritu Santo todavía no había sido derramado en ese momento. Pero cuando lo fuera, aquellos que lo recibieran prepararían el camino para la segunda venida del Señor.

Adicionalmente, Jesús regresa por una novia que Él ha hecho santa, que es madura y completa, y que está unida en la fe y en el conocimiento del Hijo de Dios. Esta novia no es débil, ni inmadura, ni incapaz de manejar la tribulación. Esta novia es como su Esposo, es una con Él, y es fuerte, llena de fe, madura, capaz y victoriosa. Jesús dijo que las puertas del infierno no prevalecerían contra Su iglesia (Mateo 16:18). ¿Cómo entonces podemos llegar a creer que las cosas se pondrán tan mal que Él tendrá que sacarnos de la tierra?

Además de eso, Jesús es la Cabeza de Su iglesia. Si la iglesia no puede encargarse de algo, entonces Jesús pierde. ¿Es eso posible? Por supuesto que no. ¡Jesús nunca pierde! ¡Él ya ha ganado!

A partir de 2023, estamos en una gran tribulación. El Señor nos librará de ella. Él ha prometido que pasaríamos por tribulaciones, pero que nuestra esperanza está en Él. ¡En todo esto somos más que vencedores por medio de Aquel que nos ama, y nuestra fe será probada pura y fuerte mientras continuamos firmes en la fe y creyendo al SEÑOR!

Se supone que debemos estar a la ofensiva, tomando terreno para el Reino de los Cielos, y preparando el camino para el regreso del SEÑOR. Somos la cabeza y no la cola. Somos victoriosos y no derrotados. Somos los que tenemos autoridad y poder. ¡El enemigo no es nada, y Jesús lo es todo! ¡En Él nunca seremos derrotados! ¡De Jehová es la tierra y toda su plenitud! (Salmo 24:1) No se la vamos a dar al enemigo y no vamos a creer que alguna vez algo será tan malo que a través del poder del Espíritu Santo, simplemente no podamos soportarlo más y tengamos que ser sacados de la tierra. ¡De ninguna manera¡. ¡Somos más que vencedores por medio de Aquel que nos amó! (Romanos 8:37) ¡Jesús nos ha hecho reyes y sacerdotes para nuestro Dios, y reinaremos sobre la tierra! (Apocalipsis 5:10) ¡Aleluya!

Volvamos a la Parábola del trigo y la cizaña, en la que Jesús dijo que el trigo y la cizaña crecerían juntos hasta el momento de la siega (Mateo 13:24-30, 36-43). En el momento de la madurez, la cizaña sería arrancada y quemada primero. Luego se cosechará el trigo. La cizaña son los hijos del maligno. Son los que hacen el mal en la tierra. El trigo son los hijos de Dios, los que están en Cristo. La parábola que Jesús contó y explicó claramente va en contra de la idea de un rapto. No hay ninguna eliminación del trigo - los hijos de Dios - antes de una tribulación. En cambio, los malos - la cizaña - son eliminados.

Veamos ahora la parábola del grano de mostaza.

> **Otra parábola les expuso, diciendo: "El Reino de los Cielos es semejante a un grano de mostaza, que un hombre tomó y sembró en su campo, el cual a la verdad es la más pequeña de todas las semillas, pero cuando ha crecido es mayor que las hierbas y se convierte en árbol, de tal manera que vienen las aves del cielo y anidan en sus ramas.** (Mateo 13:31-32)

En esta parábola, el Reino de los Cielos se impone. No escapa, ni retrocede, ni es derrotado. De hecho, no hay nada que pueda vencerlo. Lo mismo sucede en la parábola de la levadura.

> **Otra parábola que les dijo: «El reino de los cielos es semejante a la levadura que una mujer tomó y escondió en tres medidas de harina, hasta que todo quedó leudado».** (Mateo 13:33)

De nuevo, el Reino de los Cielos se impone. ¿Y dónde está el Reino de Dios? ¡Está dentro de ti! (Lucas 17:21) Los que llevan el Espíritu Santo, llevan el Reino de los Cielos dondequiera que van. La levadura de Dios trabaja a través de todas las siete montañas en la tierra (Familia, Gobierno, Economía y Negocios, Artes y Entretenimiento, Religión, Educación, y Medios de Comunicación), ¡y en cada nación! Aquellos que llevan el Reino traen luz. Traen vida. Llevan a Jesús y Su gobierno y Su reinado dondequiera que van por el poder de Su Espíritu en ellos.

Toda la idea de un rapto va en contra de la naturaleza misma de Dios. Sacar o librar a la gente de los problemas no es como Dios hace las cosas.

Él no nos arrebata de la tribulación, el sufrimiento y la persecución. En vez de eso, Él nos da gracia, que es empoderamiento.

Todo lo que necesitamos hacer es mirar a Jesús. Ni siquiera Jesús fue raptado. El pidió escapar de la ira venidera y Dios le dijo que no. Si el Padre fuera a permitir que alguien fuera raptado, hubiera sido Jesús. Pero no lo hizo. Y si estamos dispuestos a sufrir con Cristo, también seremos glorificados con Él.

> **El Espíritu mismo da testimonio a nuestro espíritu de que somos hijos de Dios, y si hijos, también herederos -herederos de Dios y coherederos con Cristo, si en verdad sufrimos con Él, para que también podamos ser glorificados juntamente con Él.** (Romanos 8:16-17)

Sufriremos con Cristo si somos herederos de Dios. Es un honor participar en el sufrimiento de Cristo porque esto nos trae un peso de gloria. Cuando estamos quebrantados, Cristo brilla a través de nosotros. Donde hemos muerto, Jesús vive. Nos regocijamos en que Jesús nos considere dignos de sufrir por Su nombre. No temáis.

¿En quién están tus ojos puestos si piensas en un rapto? En mí mismo. "Voy a escapar". Tus ojos no están en Jesús y en desear una novia sin mancha para Él si estás pensando en escapar de las dificultades. Tus ojos no están en traer Su reino a la tierra si estás tratando de escapar. La iglesia de los últimos tiempos estará muerta a sí misma, no preocupada por ser librada de nada. El rapto es atractivo para aquellos que están preocupados por el "yo mismo", y por el sufrimiento y la persecución. Cuando hemos muerto al yo, un rapto ya no es atractivo.

La creación entera espera que los hijos de Dios sean revelados porque se supone que traemos el Cielo a la tierra (Romanos 8). Escapar es todo acerca de preservarse uno mismo, y Jesús dijo que aquellos que aman sus vidas las perderían. Pero aquellos que pierden sus vidas por Él las salvarían.

Cuando la iglesia primitiva y todos los creyentes desde la ascensión de Cristo estaban esperado Su regreso y pensaban que sería en sus días, no buscaban ser arrebatados de los problemas. Jesús dijo que pasaríamos por tribulación, pero que tuviéramos ánimo porque Él ha vencido al mundo (Juan 16:33). Porque Él venció, nosotros también podemos vencer a través de Su Espíritu que vive en nosotros. Debemos vernos a nosotros mismos en Cristo y a Él en nosotros. Debemos ver que somos más que vencedores por medio de Aquel que nos ama. Debemos mantener nuestros ojos en Jesús y no buscar que nos saque de apuros.

La gente puede enojarse contigo si cuestionas sus creencias con respecto a un rapto porque su creencia no se basa en la revelación, sino en la opinión y en la doctrina de los demonios. Cuando tienes una opinión, tienes que defenderla. Es por esto que las opiniones son una trampa. Conducen a discusiones y luchas innecesarias. Lo mismo sucede cuando crees en una mentira a través del engaño del enemigo. Usted realmente no puede defender la mentira a través del poder del Espíritu Santo. Usted tiene que intelectualizar y averiguar como la mentira es correcta. Es estresante y causa frustración y enojo, que básicamente está basado en inseguridad debido al fundamento defectuoso. Sin embargo, cuando basas lo que crees en la revelación, el Espíritu Santo te dará qué decir y qué hacer en el momento. No tienes que depender de ti mismo. El conocimiento de La Verdad está dentro de ti.

A menos que alguien esté dispuesto a desechar toda la enseñanza del rapto y comenzar de nuevo, continuará estando engañado y puede enojarse cuando usted hable con él sobre el tema. Usted, sin embargo, basará sus creencias en la Revelación de Jesús revelada a usted a través de Su Espíritu, conforme fue hablado por Sus apóstoles y profetas. Tu fundamento será seguro, y no sentirás la necesidad de enojarte o frustrarte si la gente te cuestiona. En lugar de esperar ser raptados para salir de los problemas, ¡busquemos tomar el control sobre la oscuridad a través del Espíritu Santo de Cristo que vive en nosotros!

El enfoque de Jesús para Sus discípulos era que ellos fueran llenos del Espíritu Santo, hicieran discípulos de las naciones, y trajeran el Reino de los Cielos a la tierra. Estamos aquí para hacer una diferencia en la tierra. No estamos aquí para vivir para nosotros mismos, o vivir con miedo, o buscar escapatoria. Estamos aquí para llevar las naciones al Señor. ¡Fijemos nuestros ojos en Jesús y sigamos adelante! (Ver Romanos 8:37, Mateo 28:18-20, Hebreos 12:1-2.)

Deja de pensar en irte y empieza a pensar en tomar el control.

CAPÍTULO 4

TRIBULACIÓN Y PERSECUCIÓN

Hemos mencionado brevemente en el capítulo anterior que escapamos de la ira de Dios al estar en Cristo. Sin embargo, algunas personas creen que escaparemos de toda tribulación y persecución al estar en Cristo o al ser raptados. Aunque, Jesús no enseñó a escapar de la tribulación o la persecución, Él oró en Juan 17:15: **«No Te ruego que los quites del mundo, sino que Tú los guardes del maligno».** En otras palabras, Jesús no oraba para que escapáramos del mundo, sino para que fuéramos guardados de los caminos y las trampas del diablo.

Algunos de los que creen que escaparemos de la tribulación y la persecución utilizan Lucas 21:36 como «prueba» de que se producirá un rapto. Dice así: **«Velad, pues, y orad en todo tiempo, para que seáis tenidos por dignos de escapar de todas estas cosas que vendrán, y de estar en presencia del Hijo del Hombre».** Sin embargo, Jesús no estaba diciendo que oráramos para poder escapar de la tribulación. Leed los versículos anteriores y veréis de qué debéis orar para escapar:

> **«Tened cuidado, o vuestros corazones se cargarán de depravación moral, embriaguez y ansiedades de la vida, y ese día se ceñirá sobre vosotros inesperadamente como una trampa. Porque vendrá sobre todos los que habitan sobre la faz de la tierra»** (v. 34-35, NVI).

En otras palabras, Jesús quiere que escapemos de los pecados de la depravación moral, la embriaguez y las ansiedades de la vida. Esto se remonta a su oración en Juan 17 para que seamos guardados del maligno.

En Apocalipsis 18:4, Dios le dice a su pueblo que salga de Babilonia para que no recibamos ni sus plagas ni participemos de sus pecados. Debemos salir del sistema del mundo y entrar en el Reino del Señor. Además, estas cosas vendrán sobre todos los que viven en la tierra, pero no hemos que sentirnos abrumados por ello. Debemos mantener nuestros ojos fijos en Jesús y permanecer firmes. Los que permanezcan firmes, permanecerán.

En lugar de ser sacados del mundo, en 1 Timoteo 6:13-15 se nos anima a mantener la fe hasta el regreso de Cristo:

> **Os exhorto delante de Dios, que da vida a todas las cosas, y delante de Cristo Jesús, que testificó en buena confesión ante Poncio Pilato, que guardéis este mandamiento sin mancha e irreprensibles hasta la aparición de nuestro Señor Jesucristo, que se manifestará a su debido tiempo, Él quien bendito y único Soberano, Rey de reyes y Señor de señores...**

En tiempos de tribulación, aquellos que permanecen cerca del Señor no se verán afectados por la tribulación. A esto se refiere Isaías en el siguiente pasaje:

> **Vuestros muertos vivirán;**
> **Junto conmigo, los cuerpos de los muertos se levantarán.**
> **Despertad y cantad, vosotros que habitáis en el polvo,**
> **porque vuestro rocío es como el rocío de las hierbas,**
> **y la tierra echará fuera a los muertos.**
> **Venid, pueblo mío, entrad en vuestras cámaras**
> **y cerrad tras vosotros las puertas;**
> **Escondeos, aunque sea por un momento**
> **hasta que pase la indignación.**
> **Porque he aquí que el Señor sale de su lugar**
> **para castigar a los habitantes de la tierra por su iniquidad;**
> **La tierra también revelará su sangre**
> **Y ya no cubrirá a sus asesinados.** (Isaías 26:19-21)

Cuando estamos escondidos en Cristo, ya no hay ira para nosotros. Jesús soportó la ira de Dios por nosotros. El Padre dice que Su ira hacia nosotros sería como las aguas para Noé. Así como no permitiría que las aguas cubrieran la tierra nuevamente, tampoco se enojará con nosotros ni nos reprenderá (Isaías 54:9). Cuando nacemos de nuevo, estamos escondidos en Cristo. Dios ya no está enojado con nosotros. Su ira ya no es sobre nosotros.

Sin embargo, se nos dice que sufriremos por el nombre de Cristo. Se nos dice que soportaremos persecución y que todo debemos considerarlo gozo porque la prueba de nuestra fe desarrolla la perseverancia, y la perseverancia el carácter, y el carácter la esperanza, y la esperanza no nos defrauda (Romanos 5:4). Soportaremos muchas aflicciones al defender a Jesús, por lo que debemos perseverar y animarnos unos a otros.

> **... para que nosotros mismos nos gloriemos de vosotros entre las iglesias de Dios por vuestra paciencia y fe en todas las persecuciones y tribulaciones que soportáis, lo cual es una prueba manifiesta del justo juicio de Dios, para que seáis considerados dignos del reino de Dios, por el cual también sufrís; ya que es justo para Dios pagar con tribulación a los que os atribulan, y daros descanso junto con nosotros a vosotros, los que sois atribulados, cuando se manifieste el Señor Jesús desde el cielo con Sus poderosos ángeles, en llama de fuego, tomando venganza sobre los que no conocen a Dios y sobre los que no obedecen al evangelio de nuestro Señor Jesucristo. Estos serán castigados con destrucción eterna, excluidos de la presencia del Señor y de la gloria de su poder, cuando venga en aquel día para ser glorificado entre todos los que creen, porque nuestro testimonio entre vosotros fue creído. Esto os incluye a vosotros, porque creísteis nuestro testimonio.** (2 Tesalonicenses 1:4-10)

Nótese que Pablo deja claro que cuando sufrimos por Jesús, somos considerados dignos del Reino de Dios. No estamos bajo Su ira, aunque se nos promete persecución y sufrimiento. Soportar eso con fe y amor es ganar y recibir una recompensa. Es un honor sufrir por el nombre de Jesús. Somos la luz del mundo porque la Luz vive en nosotros. La oscuridad no puede vencernos, por mucho que intente perseguirnos.

Jesús dice en Apocalipsis 3:10: «**Porque habéis guardado Mi mandato de perseverar, yo también os guardaré de la hora de la prueba que vendrá sobre todo el mundo, para probar a aquellos que moran en la tierra**». Este versículo tiene una nota al pie con Juan 16:15, que es parte de la oración de Jesús por nosotros, es decir, sus discípulos, y dice: «**No te ruego que los saques del mundo, sino que los guardes del maligno**». Dios no nos sacará del mundo para escapar de la tribulación. Él sabe cómo cuidar de los suyos y podemos descansar en Él. Solo tenemos que seguirlo y no temer. Su ira no es sobre los justos.

Entonces, ¿ya ha ocurrido la «Gran Tribulación» o no? Jesús dijo en Mateo 24:21: «**Porque después habrá una gran tribulación, como no la ha habido desde el principio del mundo hasta ahora, ni la habrá jamás**».

Jesús profetizó una «gran tribulación» en el momento en que el templo fuera destruido. Ha habido muchas «grandes tribulaciones» en la tierra desde que Él profetizó esto. Pero la gran tribulación que Jesús profetizó en Mateo 24 ocurrió entre los años 64 y 70 d. C. Los cristianos que vivían en aquella época sabían que lo que estaban viviendo era lo que Jesús había profetizado. Como creyeron en Él, sus vidas se salvaron.

Poco antes del año 66 d. C., el antisemitismo de los romanos gobernantes se volvió tan opresivo que los judíos de Jerusalén asaltaron la fortaleza de Antonia y mataron a los romanos allí posicionados. Esto desencadenó una guerra con Roma que terminó con Jerusalén en ruinas, el templo completamente derribado y con solo una parte del muro exterior del monte del templo aún en pie, la que ahora se llama el «muro de las lamentaciones»; más de un millón de judíos murieron y la nación de Israel dejó de existir como tal.

Estos son algunos de los hechos más destacados que tuvieron lugar en el año 66 d. C., para que os hagáis una idea de lo grande que fue la tribulación de aquella época.

- El gobernador romano de Judea, Gessius Florus, asesinó a unos 3.600 judíos, de los cuales unos 2.000 fueron crucificados.

- Los romanos de Cesarea mataron a unos 20.000 judíos.

- Unos 10.000 judíos fueron asesinados en Damasco, Siria.

- Se informa de que hubo luchas internas entre los judíos de al menos tres facciones diferentes, en las que cada líder afirmaba ser el mesías.

- Hubo numerosos terremotos.

Luego, en el año 70 d. C., el hijo del emperador Vespasiano, Tito, llegó y derribó los muros que rodeaban Jerusalén, masacró a los habitantes y destruyó completamente el templo, sin dejar piedra sobre piedra.

Lo sorprendente de este fragmento de la historia es que, según historiadores como Josefo, ningún Cristiano murió en lo que se conoce como la «batalla de los judíos». En lugar de morir en la lucha, los cristianos tomaron al pie de la letra la profecía de Jesús. Al ver que se cumplían las señales que Jesús había profetizado, huyeron de Jerusalén en el año 66 d. C. a Pella y otros lugares donde estuvieron a salvo de la matanza y la destrucción final de Jerusalén en el año 70 d. C.

Los hechos de esta época histórica se pueden encontrar fácilmente mediante búsquedas en Internet y en libros históricos, especialmente los escritos por Josefo, que vivió la conquista romana de Jerusalén.

Al leer la profecía de Jesús sobre la «gran tribulación» y luego leer la historia de lo que le sucedió a la nación de Israel tan solo 37 años después, debería resultar obvio que lo que Jesús profetizó se había cumplido.

Los cristianos que vivían en aquella época huyeron de Jerusalén debido a lo que Jesús profetizó y, gracias a ello, sobrevivieron. Sabían que estaban viviendo en una gran tribulación y obedecieron las palabras del Señor.

Como algunas personas piensan que la profecía debería haber tenido un desenlace diferente, dicen que aún no se ha cumplido, pero sin duda se cumplió. Los que la vivieron, lo sabían, y cuando miramos atrás en la historia, sabemos también que ha sucedido. Hubo una gran tribulación entre los años 64 y 70 d. C., tal y como Jesús dijo que habría. Se puede encontrar una breve cronología en: Cronología 30-70 d. C. (agapebiblestudy.com). [No promovemos ni aprobamos todo lo que aparece en este sitio web].

Aunque una gran tribulación ocurrió poco después de que Jesús la profetizara, también ha habido otras tribulaciones. Jesús incluso profetizó que ahora mismo estamos en una gran tribulación. De hecho, Él ha ido más lejos como para decir que el mal nunca volverá a alcanzar este nivel en la tierra. El enemigo ha estado trabajando en un sistema mundial de maldad durante siglos, y probablemente durante más tiempo aún. Sin embargo, el plan de Dios es destruir por completo las obras del diablo y llevar a cabo el Gran Reinicio del Señor.

Aquí hay algunas de las palabras proféticas que el Espíritu Santo nos ha dado con respecto a esta tribulación y la bondad de Dios al destruir por completo el malvado sistema mundial.

El Señor preguntó cuál de estas cosas [en Mateo 24 y 25 y 1 Timoteo 3] no está sucediendo en este momento. Le respondí que creía que todas las cosas sobre las que había leído estaban sucediendo en este momento. Él dijo: «Eso es correcto. ¿Realmente podrías decirles a los cristianos coptos, a los cristianos chinos o a los cristianos que viven en Pakistán o en muchos otros lugares de la tierra que las cosas empeorarían mucho, mucho más? ¿Peor que las decapitaciones masivas, ser quemados vivos, los ahogamientos, etc.? ¿Podrías decir que el sacrificio de niños va a empeorar mucho, mucho más? (Hasta el 16 de diciembre de 2021, a las 6:40 p. m., se habían producido 40.892.880 abortos en todo el mundo). ¿Podrías decir que aquellos que controlan la economía mundial, las naciones del mundo, en realidad el mundo mismo, serán mucho, aún mucho peores? Incluso aunque estén bajo el control del mismo Satanás y, como tales, aprueban todo tipo de pecado, ¡algunos de los cuales aún no hemos oído hablar! Hay otras muchas cosas de las que podríamos hablar, cosas que son locura en relación con el sexo, los deportes, la salud, el sistema de bienestar social y las artes y el entretenimiento. ¿Hay algo, incluida la que se llama iglesia, que no esté roto y corrupto?

*El Señor ha dicho que está en una misión de rescate y que **las cosas nunca volverán a estar tan mal**. La corrupción será expuesta. El mal será castigado porque la justicia es el fundamento de Su trono. Amén. (¿Hasta cuánto peor se pondrá? Profecía, 16 de diciembre de 2021)*

«Ya casi estamos allí. El tiempo apremia. Abrid vuestro corazón al amor, pero la ley debe cumplirse y aplicarse a aquellos que sean declarados culpables por ella. Mirad a vuestro alrededor. ¡Recordad lo que era estar esclavizados por el maligno! ¡Mirad una vez más! **¡Porque las cosas nunca volverán a ser así!** *¡Nunca!*

¡YO SOY dice hoy que estos cambios no son para un solo lugar o un solo pueblo! ¡YO SOY en una misión de rescate, y es para todo el mundo! ¡Estados Unidos, sí! Pero las ondas de lo que logro allí fluirán por todo el planeta. ¡Amén!» (Profecía sobre tiempos peligrosos y confusos, 26 de julio de 2022)

«Cuando Yo envío a un profeta al pueblo para advertirles de lo que está por venir, para decirles que evite el mal que podría sobrevenirles, ¡le creen y tienen en alta estima al profeta! Por el contrario, cuando envío a un profeta con un mensaje sobre el bien que he planeado para mi pueblo, ¡lo llaman falso profeta! Creen que el mundo solo puede empeorar con respecto a cómo está ahora. ¡Hablan entre ellos sobre el futuro con lamentaciones! Sí, incluso mis obedientes han adoptado una actitud de derrota. Se dicen a sí mismos que las cosas nunca mejorarán. Cada uno de los que hacen esto está profetizando su propia perdición. Yo, el Señor, digo: «¡Alzad la vista, porque vuestra redención se acerca!», y ellos miran al suelo...

¡Este no debería ser mi pueblo! ¿Soy Yo demasiado débil como para cambiar las cosas? ¿No es suficiente buena Mi bondad? ¿No es justa Mi justicia? ¡Respondedme vosotros, los que solo podéis «ver» un futuro sombrío! ¡Yo Soy requiere una respuesta! ¡Yo Soy exige un

cambio de actitud y de creencias! ¡Yo Soy, ni siquiera Yo, nunca he fallado! ¡Tampoco seré visto como un fracaso!

El miedo debe ser «eliminado» de vuestras vidas, expulsado de vuestro sistema de creencias. Yo Soy el Señor. Debéis "vestiros" de fe cada mañana y llevarla durante el día. ¡Yo NUNCA os dejaré ni os abandonaré! ¡Os sostendré con Mi fuerte mano derecha! ¡Levantaos en vuestra más santa fe! ¡Anhelo derramar Mi gracia (empoderamiento) para ayudaros! Os amo a cada uno de vosotros. Amén». (Profecía «Dios es bueno», 20 de julio de 2021)

Cada una de estas palabras proféticas nos dirige a cómo el mal nunca volverá a alcanzar este nivel y/o cómo, por alguna razón, a la gente le cuesta creer que las cosas van a mejorar y no empeorar.

La definición de tribulación es:

1. Gran aflicción, prueba o angustia;

2. Una experiencia que pone a prueba la resistencia, la paciencia o la fe de una persona;

3. Un estado de aflicción u opresión; sufrimiento; angustia.

(The American Heritage® Dictionary of the English Language, 5.ª edición).

Un siervo no está por encima de su amo. Si Jesús pasó por la tribulación, nosotros también lo haremos. Él promete que lo haremos. Jesús fue acosado, en un momento dado le lanzaron piedras para lapidarlo, su propia familia pensaba que estaba loco, algunos de sus discípulos le abandonaron porque sus enseñanzas eran demasiado duras, fue traicionado por uno de los doce, le escupieron, se burlaron de él, le golpearon, le azotaron y finalmente le crucificaron. Suena a tribulación. Jesús dijo:

«**Mirad, os envío como ovejas en medio de lobos. Así pues, sed sabios como serpientes e inofensivos como palomas. Pero guardaos de los hombres, porque os entregarán a los concilios y os azotarán en sus sinagogas. Seréis llevados ante gobernadores y reyes por vuestro Amor a mí, para que deis testimonio ante ellos y ante los gentiles. Pero cuando os entreguen, no os preocupéis por cómo o qué debéis hablar. Porque en esa hora se os dará lo que debéis decir, pues no sois vosotros los que habláis, sino el Espíritu de vuestro Padre el que habla en vosotros. Ahora, el hermano entregará a la muerte al hermano, y el padre al hijo; y los hijos se levantarán contra los padres y serán llevados a la muerte. Y vosotros seréis odiados por todos por amor a mi nombre. Pero el que persevere hasta el fin, éste será salvo. Cuando os persigan en esta ciudad, huid a otra. Porque de seguro os digo que no acabaréis de recorrer las ciudades de Israel antes de que el Hijo del Hombre venga. El discípulo no es más que su maestro, ni el siervo está por encima de su señor. Baste al discípulo ser como su maestro, y al siervo como su señor. Si al dueño de la casa le han llamado Beelzebú, ¿cuánto más llamarán así a los de su casa? De todas formas, no los temáis, pues nada hay encubierto que no haya de ser descubierto, ni nada oculto que no haya de saberse.** (Mateo 10:16-26)

Todas las cosas que Jesús mencionó en la Escritura anterior le sucedieron a la primera iglesia y continúan sucediendo hoy en día. Pedro y Juan fueron encarcelados por sanar a un cojo en Hechos 3 y 4; los apóstoles fueron encarcelados en Hechos 5; Esteban fue apedreado hasta morir en Hechos 8; Saulo causaba estragos y encarcelaba a los creyentes en Hechos 8; el apóstol Santiago, hermano de Juan, fue asesinado por Herodes en Hechos 12: Pedro fue encarcelado en Hechos 12, y la lista sigue y sigue...

Los creyentes de hoy en día no reciben un trato mejor en muchas partes del mundo. Sufren acoso, son perseguidos, sus hogares son destruidos y sus pertenencias confiscadas, se les niega un buen empleo, son ridiculizados, cazados, golpeados, encarcelados, torturados, decapitados y asesinados de diversas formas. ¿Cuántos de ustedes tienen familiares que se volvieron en su contra cuando decidieron seguir verdaderamente al Espíritu Santo? ¿Cuántos de ustedes fueron expulsados de las iglesias por no ajustarse a su molde? ¿Cuántos de ustedes sufren de otras maneras porque decidieron creer en diversas promesas del Señor?

Si no creéis que la tribulación ocurre donde vivís, mirad otras zonas del mundo donde ocurre con regularidad. El libro *El hombre celestial*, del hermano Yun, es un gran ejemplo de un creyente de los días modernos que es perseguido. O solo tenéis que coger una revista de La Voz de los Mártires para leer los relatos de creyentes que hoy sufren por el nombre de Jesús.

Cada generación de creyentes es perseguida por causa del nombre de Jesús y debe decidir si seguir creyendo o rendirse. La tribulación sirve para purificar nuestra fe, al igual que el fuego purifica el oro. Y nuestra fe vale mucho más que el oro. Jesús no escapó de la tribulación, y si le seguimos a Él, nosotros tampoco lo haremos. Él nos dice: «**En este**

mundo tendréis aflicciones. Pero ¡ánimo! Yo he vencido al mundo». (Juan 16:33, NVI)

El apóstol Juan también dio testimonio de la persecución. **«Yo, Juan, vuestro hermano y compañero en la tribulación, en el reino y en la paciencia de Jesucristo, estaba en la isla llamada Patmos por causa de la palabra de Dios y del testimonio de Jesucristo».** (Apocalipsis 1:9)

Hay tribulación por causa del Reino del Señor. El reino de los cielos sufre violencia y los violentos lo toman por la fuerza. El enemigo no quiere que el Reino de los Cielos se establezca en la tierra. Por eso, causa problemas y se resiste a él. Sin embargo, el Amor nunca falla y con Fe todo es posible. Así que tenemos tribulación, el reino y paciencia, todo al mismo tiempo, mientras establecemos la voluntad de Dios en la tierra, tal como testifica Juan.

En todo esto, somos más que vencedores por medio de Aquel que nos ama. (Romanos 8:37) Así que, tengan ánimo y miren estas cosas con ojos de victoria, no de derrota.

Capítulo 5

Enseñanzas de Jesús de los Tiempos del Fin

———————◆◆◆◆◆◆◆———————

Jesús impartió varias enseñanzas y profecías sobre el fin de los tiempos. Por ejemplo, Jesús profetizó la destrucción del templo en un momento en que Jerusalén estaría rodeada por ejércitos.

Luego, mientras algunos hablaban del templo, de cómo estaba adornado con piedras preciosas y donaciones, Él dijo: «Estas cosas que veis —vendrán días en que no quedará piedra sobre piedra que no sea derribada... Pero cuando veáis a Jerusalén rodeada de ejércitos, sabed que su destrucción está cerca. Entonces los que estén en Judea huyan a los montes, los que estén en medio de ella salgan, y no dejéis que los que estén en el campo entren en ella. Porque estos son días de venganza, para que se cumplan todas las cosas que fueron escritas. ¡Pero ay de las que estén embarazadas y de las que críen en aquellos días! Porque habrá gran tribulación sobre la tierra e ira sobre este pueblo. Y caerán a filo de espada y serán llevados cautivos a todas las naciones. Y Jerusalén será pisoteada por los gentiles hasta

que los tiempos de los gentiles sean cumplidos». (Lucas 21:5-6, 20-24)

Es importante señalar que no se trata de un acontecimiento futuro, sino de algo que realmente ocurrió en el año 70 d. C. El templo fue derribado sin dejar piedra sobre piedra, Jerusalén fue destruida y los judíos fueron masacrados hasta tal punto que, según Josefo, no se podía ver el suelo debido a la sangre de los asesinados.

Debido a que algunas de las otras cosas que Jesús profetizó aún no han sucedido, como su regreso, muchas personas enseñan que el templo debe ser reconstruido y que Jerusalén debe ser sitiada nuevamente para que luego el templo y Jerusalén sean destruidos otra vez. Esto es una falacia. Jesús profetizó en Lucas 21:9 que **«el fin no vendrá inmediatamente»** después de que sucedan las cosas que pasarán primero. Y dijo en el versículo 28: **«Cuando estas cosas comiencen a suceder, levantad la vista y alzad vuestras cabezas, porque vuestra redención se acerca».** Dijo cuando estas cosas «comiencen» a suceder.

¿Alguna vez has notado que las profecías no suelen cumplirse inmediatamente, ni todas a la vez? En lugar de darnos fechas exactas para cada evento, el Señor tiende a darnos señales de las épocas para que nos veamos obligados a usar nuestra fe. Por ejemplo, dice en Lucas 21:29-31: **«Mirad la higuera y a todos los árboles. Cuando ya están brotando, vosotros mismos veis y sabéis que ahora el verano está cerca. Así también vosotros, cuando veáis que suceden estas cosas, sabed que el reino de Dios está cerca».**

Por lo tanto, el hecho de que algunas partes de la profecía no se hayan cumplido no significa que las partes que sí se han cumplido tengan que volver a suceder al mismo tiempo que el resto de la profecía. Eso ni siquiera tiene sentido. Una profecía larga dada en un momento determinado no significa que toda la profecía tenga que cumplirse de una sola vez. El templo fue destruido sin dejar piedra sobre piedra en el año 70 d. C. Esta parte de la profecía de Jesús se ha cumplido. No tenemos que esperar a que se construya otro templo y sea destruido de nuevo. Ya ha sucedido.

Además, incluso si se construyera un nuevo templo y albergara el arca de la alianza y otros objetos del pasado, no sería «santo». Dios no reside en edificios, sino en los hombres a través de Su Espíritu. El Reino de los Cielos está dentro de ti. ¡Alabado sea Jesús!

Aún hay muchos acontecimientos que han ocurrido y que Jesús profetizó que sucederían. Repasaremos varios, pero primero veamos Lucas 21:19. Jesús dijo: «**Por vuestra paciencia ganaréis vuestras almas**». Jesús nos estaba diciendo que controláramos nuestras almas a través de la paciencia. ¡Esto es porque debemos ser pacientes! Las profecías no siempre se cumplen de una sola vez, ni en el momento en que creemos que deberían cumplirse. A través de esto, el Señor nos enseña a tener fe y paciencia. Por ejemplo, Jesús le dijo a Juan en Apocalipsis que Él vendría «pronto». Eso fue hace dos mil años. Lo que es pronto para Dios no es necesariamente pronto para nosotros. ¿Va a cambiar Dios, o debemos cambiar nosotros para estar de acuerdo con Él? Por lo tanto, con paciencia, podemos seguir mirando las cosas que han sucedido y las que están por venir.

En Mateo 24:6-7, Jesús dice: «**Y oiréis hablar de guerras y rumores de guerras. Mirad que no os turbéis, porque es necesario que todo esto suceda, aunque aún no es el fin. Se levantará nación contra nación, y reino contra reino. Y habrá hambres, pestilencias y terremotos en diversos lugares**». Tal como Jesús profetizó, ha habido guerras y rumores de guerras, terremotos y hambrunas en diversos momentos de la historia desde que Jesús profetizó esto. Sin embargo, esto no debía preocupar a los discípulos. En cambio, debían estar atentos al momento en que Jerusalén fuera rodeada por ejércitos para huir del país sin tomarse el tiempo de empaquetar. Esto sucedió realmente cuando Cestio Galo rodeó Jerusalén.

Galo era un general del ejército romano y, evidentemente, gobernador de Siria. Se le pidió que sofocara la revuelta judía. Aunque causó algunos daños a los judíos y sus tierras, misteriosamente retiró sus tropas antes de romper la muralla de Jerusalén y se retiró. Durante su retirada, fue atacado por las fuerzas judías hasta tal punto que perdió supuestamente 5.300 hombres (LA GUERRA DE NERÓN I: ¿EL ERROR DE CESTIO GALO? (Capítulo 5) - Una historia de la guerra judía (cambridge.org). Incluso aunque esta no fuera la cifra exacta de hombres, se le consideró derrotado.

Los cristianos aprovecharon la oportunidad que les brindó la retirada de Galo para huir a Pella. Para cuando Tito llegó en el año 70 d. C. y destruyó Jerusalén y el templo, los cristianos ya se habían ido. Habían creído en la profecía de Jesús y habían huido. Si se hubieran entretenido haciendo las maletas o poniendo sus cosas en orden antes de marcharse, no habrían tenido tiempo de escapar.

Jesús profetizó además que Jerusalén sería destruida y que los discípulos debían huir específicamente a las montañas. Si huían a la ciudad en busca de refugio, como solían hacer cuando llegaban los ejércitos, perecerían. Los creyentes en Cristo obedecieron lo que Jesús les había mandado y huyeron a Pella, que se encuentra en las estribaciones de las montañas transjordanas, y sobrevivieron milagrosamente a la matanza de los judíos cuando Jerusalén fue destruida en el año 70 d. C. Por lo tanto, estas profecías se cumplieron.

Dentro de esta profecía, Jesús dijo: «**Y orad para que vuestra huida no sea en invierno ni en sábado**». Esta profecía solo tiene sentido en una época en la que la Ley estaba en pleno vigor, que fue en el momento de la destrucción de la ciudad santa y del templo. Su huida se vería obstaculizada por aquellos que podrían impedirles «romper el Sabath» si su huida se producía en sábado. Por lo tanto, oraron y pudieron escapar cuando se levantó el asedio sin que fuera invierno ni sábado. Otra profecía cumplida.

Jesús también profetizó que sus discípulos serían entregados a los concilios, encarcelados, golpeados en las sinagogas, y que su persecución se convertiría en una oportunidad para dar testimonio. (Marcos 13:9, Lucas 21:13) Solo hay que ir al libro de los Hechos y empezar a leer desde el capítulo 4 hasta el final de la Biblia para ver cómo sucedió esto. Los apóstoles y otros discípulos de Cristo fueron repetidamente llevados ante los concilios, encarcelados, azotados y golpeados, dados por muertos y, finalmente, asesinados. Ni Pedro ni Pablo vivieron para ver la destrucción de Jerusalén porque ambos fueron martirizados antes de que ocurriera. Y, sin embargo, tal y como profetizó Jesús, aprovecharon la oportunidad de la persecución para dar testimonio de Jesucristo. (Véase Hechos 26 para un ejemplo de esto cuando Pablo habló al rey

Agripa). Y no fueron los únicos. Santiago, Esteban y muchos otros fueron martirizados antes de que ocurriera este acontecimiento.

Gran parte de lo que Jesús profetizó que ocurriría ha ocurrido. Jesús dijo: «**Cuando empiecen a suceder estas cosas, levantad la vista y alzad vuestras cabezas, porque vuestra redención se acerca**» (Lucas 21:28). Estas cosas han empezado a suceder tal y como Jesús profetizó que sucederían.

Cuando pensamos en el fin de los tiempos, debemos fijarnos siempre en lo que dijo Jesús. En la parábola del trigo y la cizaña, Jesús expone claramente cómo serán las cosas durante el fin de los tiempos.

> **Les puso delante otra parábola, diciendo: «El reino de los cielos es como un hombre que sembró buena semilla en su campo; pero mientras dormían, su enemigo vino y sembró cizaña entre el trigo y se marchó. Cuando brotó el grano y dio fruto, apareció también la cizaña. Entonces los siervos del dueño vinieron y le dijeron: «Señor, ¿no sembraste buena semilla en tu campo? ¿Cómo entonces tiene cizaña?» Él les dijo: «Un enemigo ha hecho esto». Los siervos le dijeron: «¿Quieres entonces que vayamos y la recojamos?» Pero él dijo: "No, no sea que al recoger la cizaña, arranquéis también el trigo. Dejad que ambos crezcan juntos hasta la cosecha, y en el momento de la cosecha Yo diré a los segadores: Recoged primero la cizaña y atadla en manojos para quemarla, pero juntad el trigo en mi granero»** (Mateo 24-30).

Entonces Jesús despidió a la multitud y entró en la casa. Y sus discípulos se le acercaron y le dijeron: «Explícanos la parábola de la cizaña del campo». Él les respondió y les dijo: «El que siembra la buena semilla es el Hijo del Hombre. El campo es el mundo, las buenas semillas son los hijos del reino, pero la cizaña son los hijos del maligno. El enemigo que la sembró es el diablo; la cosecha es el fin del mundo, y los segadores son los ángeles. Por lo tanto, así como se recoge la cizaña y se quema en el fuego, así será al final de esta era. El Hijo del Hombre enviará a sus ángeles, y ellos recogerán de su reino todo lo que ofende y a los que practican la iniquidad, y los echarán en el horno de fuego. Allí habrá llanto y crujir de dientes. Entonces los justos resplandecerán como el sol en el reino de su Padre. El que tiene oídos para oír, que oiga». (Mateo 13:36-43)

Así será el fin de los tiempos, porque Dios ha hablado esta parábola y también su interpretación. Según Jesús, así será el fin de los tiempos. Esta parábola y su interpretación constituyen una referencia básica de a qué se parecerá el fin de los tiempos.

Tenga en cuenta que Jesús dice específicamente que el trigo no debe ser recogido antes que la cizaña, y dice específicamente que la cizaña debe ser recogida por los ángeles al final de los tiempos, y luego el trigo. Otras Escrituras relativas al «fin de los tiempos» o la segunda venida de Jesús estarán de acuerdo con esto. Si se interpreta de otra manera, o se forma una doctrina en oposición a lo que Jesús enseñó claramente, es erróneo.

Los discípulos le preguntaron a Jesús cuándo vendría el Reino de Dios y cuál sería la señal de su regreso. Él respondió diciendo que no se perderían su regreso, pero que debían estar atentos a ciertos acontecimientos para saber que el momento estaba cerca. Una de las cosas a las que debían estar atentos era que las cosas serían similares a los días de Noé antes del diluvio.

> **«Y como fue en los días de Noé, así será también en los días del Hijo del Hombre: ellos comían, bebían, se casaban y se daban en matrimonio, hasta el día en que Noé entró en el arca, y vino el diluvio y los destruyó a todos»** (Lucas 17:26-27).

Jesús dijo que los malvados no lo supieron **«hasta que vino el diluvio y se los llevó a todos, así que así también será la venida del Hijo del Hombre»** (Mateo 24:39). Luego continuó describiendo que la gente estaría trabajando junta, durmiendo junta y haciendo otras cosas juntas, y de repente los malvados serían sacados, tal como el diluvio vino y se llevó a los malvados en los días de Noé (Mateo 24:40-44).

En la época de Noé, antes de que llegara el diluvio y destruyera a todas las personas malvadas del mundo, la gente vivía como siempre lo había hecho. El mundo seguía igual que siempre. Los habitantes del mundo hacían todo lo que solían hacer. No les preocupaba que algo les fuera a pasar. En cambio, comían, bebían, celebraban fiestas, se casaban, básicamente hacían todo lo que indicaba que creían que la vida continuaría para ellos como lo había hecho durante mucho tiempo. Todo esto a pesar de que Noé estaba construyendo un arca ante sus ojos y lo había estado haciendo durante 100 años, y que mientras él construía el arca, predicaba la justicia (2 Pedro 2:5).

Los justos, sin embargo, estaban preparados para un cambio. Los justos estaban preparados para que ocurriera algo grande. Los justos tenían la perspectiva del Señor y estaban en obediencia al Señor. Por lo tanto, cuando llegó el diluvio, los malvados fueron eliminados y los justos permanecieron.

Teniendo en mente este relato de lo que ocurrió en tiempos de Noé, tenemos que considerar cuál es el plan del Señor. ¿Cuál es Su plan? Él nos dijo que la parábola del trigo y la cizaña es la base de nuestra teología del fin de los tiempos. ¿Cómo encaja el tiempo de Noé en eso? Jesús nos dice aquí mismo quién será eliminado cuando Él regrese: No son los justos; Son los malvados - todos aquellos que ofenden. Esto es justo lo que Él hizo con Sodoma y Gomorra. ¿Quién fue eliminado de la tierra? Lot no. Fueron todos los malvados de Sodoma y Gomorra. ¿Quién fue eliminado de la tierra en los días de Noé? Noé no. Noé era justo. El permaneció, pero los malvados en la tierra fueron completamente destruidos y eliminados. Es como cuando los ángeles vienen y toman la cizaña y la queman. Se llevan a los injustos y dejan a los justos para gobernar y reinar con Cristo.

Dios no está entregando la tierra al maligno. Jesús regresará para tomarla. Resulta extraño pensar que daríamos nuestras vidas para traer el Cielo a la Tierra y luego irnos y entregárselo todo al diablo. Veremos a los malvados sacados, y a los justos permanecer para inundar la tierra con el conocimiento de la gloria del Señor como las aguas cubren los mares (Habacuc 2:14). Esto es exactamente lo que el Señor ha profetizado repetidamente con respecto a Su Gran Reinicio.

Los discípulos luego preguntaron dónde sucedería esto, y Jesús dijo que dondequiera que haya un cuerpo, allí están las águilas. (Lucas 17:37) Las águilas representan a los apóstoles, así que dondequiera que esté la iglesia, la cizaña será encontrada y eliminada, al igual que los malvados fueron eliminados en los días de Noé.

Esto será una sorpresa para los malvados, pero no debería ser una sorpresa para los justos. Podemos mirar a nuestro alrededor y ver estas cosas empezando a suceder ya. Por el Espíritu del Señor Jesucristo, podemos discernir los tiempos en que estamos y ver que es muy similar a los días de Noé. Estamos rodeados de maldad que el Señor dice que Él está eliminando, y el Señor ha profetizado un Gran Reinicio en el que las cosas nunca volverán a ser tan malas. Él también ha dicho que Él está haciendo una cosa nueva. El desea que Su pueblo se una a Él en las líneas frontales de la batalla, para tomar las siete montañas de influencia que El seguramente terminará reduciendo a tres, ¡y mucho más!

Jesús también habló de separar las ovejas de las cabras. ¿Cuándo sucederá esto, y qué tiene que ver con Su novia perfecta? Veamos Mateo 25:31-46.

> **"Cuando venga el Hijo del hombre en Su gloria, y todos los santos ángeles con Él, se sentará en el trono de Su gloria. Todas las naciones serán reunidas ante Él, y las separará unas de otras, como separa el pastor las ovejas de los cabritos. Y Él pondrá las ovejas en Su mano derecha y los cabritos a su izquierda. Entonces el Rey dirá a aquellos en Su mano derecha: "Venid, benditos de mi Padre, heredad el reino preparado para vosotros desde la fundación del mundo: porque tuve hambre, y me disteis de comer; tuve sed, y me disteis de beber; fui forastero, y me hospedasteis;**

estaba desnudo, y me vestisteis; enfermo, y me visitasteis; en la cárcel, y vinisteis a verme". Entonces los justos le responderán diciendo: 'Señor, ¿cuándo te vimos hambriento, y te dimos de comer, o sediento, y te dimos de beber? ¿Cuándo te vimos forastero, y te recogimos, o desnudo, y te vestimos? ¿O cuándo te vimos enfermo, o en la cárcel, y vinimos a ti? Y respondiendo el Rey, les dirá: De cierto os digo que en cuanto lo hicisteis a uno de estos mis hermanos más pequeños, a mí me lo hacíais". (Mateo 25:31-40)

Jesús continúa diciéndoles que aquellos que no hicieron estas cosas por Él irán al castigo eterno (Mateo 25:41-46).

Muchas personas han enseñado sobre este pasaje de la Escritura como significando que habrá naciones reales que son consideradas naciones cabras y naciones reales que son consideradas naciones ovejas. Esto no es realmente un concepto erróneo, aunque sí es erróneo en lo que se refiere al juicio personal. Tú no eres juzgado en base a lo que tu nación hace. Tú eres juzgado sobre lo que tú personalmente haces. Puedes ser parte de una nación que excluye a Dios, pero tú lo sigues de todo corazón. O puedes ser parte de una nación que proclama a Jesús como Señor, pero no lo sigues. En cualquier caso, se te juzgará por lo que hagas, no por lo que haga tu nación.

Este pasaje sobre las ovejas y las cabras se refiere a la gran división del mundo. Las cabras son fáciles de ver en el mundo. Cuando las cabras están en la iglesia, es un poco más difícil verlas hasta que maduran. Puedes tomar referencia en la Parábola del Trigo y la Cizaña para entenderlo mejor.

Las ovejas son las que son la verdadera Novia de Cristo. Ellas escuchan Su voz y lo siguen. Su amor y devoción por Él se manifiestan a través de su fe. Su fe ha sido probada y hallados ser del Espíritu de Cristo. Sus obras han pasado por el fuego de la prueba porque lo que hacen ha nacido del amor por Jesús y de la fe en Él.

Los religiosos que no aman realmente a Jesús lo proclaman sólo de nombre. Son religiosos, y no siguen Su Espíritu porque no operan en la fe. Son machos cabríos, que dicen creer, pero son mentirosos. Esto es lo que significa tomar el nombre del Señor en vano: decir que llevan Su nombre, pero no hacen lo que Él hace. Serán separados de las ovejas y arrojados al fuego. Nótese también, que esto demuestra que los malos son removidos, pero los justos permanecen. Un rapto simplemente no es enseñado por Jesús.

La parábola de las cabras y las ovejas enseñada por Jesús es muy simple. Harás obras de acuerdo a lo que crees. Si crees en Jesús, tu fe actuará de acuerdo a eso, y serás juzgado como una oveja. Si Jesús no es tu Señor, ya sea que estés en el mundo o en la iglesia, actuarás en consecuencia, y serás juzgado como una cabra.

Jesús vendrá por una Novia perfecta, que no tenga mancha ni arruga, una Novia que sea poderosa y victoriosa, llena de fe y amor. El viene por una Novia que ha sido puesta a prueba, probada, y que ha demostrado ser fiel. El viene por una Novia que lo ha hecho a Él la Cabeza y, por lo tanto, está en sumisión a Él. El viene por una Novia que es pura, y que es como Él y expresa fe a través del amor. Estos son los días en los que Jesús está construyendo Su Iglesia.

Al Señor le gustaría que entendiéramos los tiempos en que vivimos, y hay muchas Escrituras que señalan la necesidad de que los creyentes entiendan los tiempos en que viven. Sin embargo, hay una Escritura que parece decir que no podemos conocer esa información. Se trata de Hechos 1:6-7.

Entonces, reunidos, le preguntaron, diciendo: «Señor, ¿Restaurarás en este tiempo el reino a Israel?». Y Él les dijo: «No os toca a vosotros conocer los tiempos ni las estaciones que el Padre ha puesto en Su propia autoridad.»

Debido a estos dos versículos, algunas personas piensan que no se les permite conocer la estación en la que estamos. Sin embargo, eso no es lo que Jesús está diciendo. La palabra traducida «estación» en los versículos anteriores es la palabra «kairos», y significa: tiempo oportuno, tiempo establecido, tiempo señalado, tiempo debido, tiempo definitivo, tiempo estacionable, tiempo apropiado para la acción. (Strong's #2540) Jesús quiso decir que no podemos saber el tiempo señalado de Su regreso. Podemos entender la estación o los tiempos en los que estamos, y deberíamos, pero no podemos saber la fecha exacta de Su regreso.

Por ejemplo, Jesús nos dice que si miráramos una higuera, podríamos saber qué estación es basándonos en lo que le sucede a la higuera (Mateo 24:32-33). ¿Tiene hojas? ¿Está dando higos? Aún así, deberíamos ser capaces de mirar a nuestro alrededor y ver en qué época estamos basándonos en lo que está sucediendo a nuestro alrededor. ¿Está siendo juzgado el sistema mundial? ¿Están el trigo y la cizaña en el punto de madurez en el que la cizaña sería eliminada?¿Se han cumplido algunas de las palabras proféticas que profetizó Jesús? Mirar estas cosas con el Espíritu Santo nos da una idea de dónde estamos proféticamente.

> **Pero acerca de los tiempos y las estaciones, hermanos, no tenéis necesidad de que yo os escriba. Porque vosotros mismos sabéis perfectamente que el día del Señor viene como ladrón en la noche. Porque cuando digan: «¡Paz y seguridad!», entonces les sobreviene destrucción repentina, como los dolores de parto a una mujer encinta. Y no escaparán. Pero vosotros, hermanos, no estáis en tinieblas, para que este Día os sorprenda como ladrón. Todos vosotros sois hijos de la luz e hijos del día. Nosotros no somos de la noche ni de las tinieblas. No durmamos, pues, como los demás, sino velemos y seamos sobrios.** (1 Tesalonicenses 5:1-6)

Pablo reitera que no podemos saber la fecha exacta del regreso del Señor, pero que debemos velar, es decir, vivir de tal manera que estemos preparados para la plenitud de Su Reino a Su regreso. Esto significa que caminamos en la fe, escuchando y obedeciendo al Espíritu Santo mientras derribamos las puertas del infierno. Significa que caminamos en el amor. Ya no operamos más de acuerdo con el espíritu del sistema del mundo. También significa que entendemos quiénes somos en Cristo y quién es Él en nosotros. No somos de los que son desobedientes y perecerán, sino de aquellos que son la justicia de Dios en Cristo, y que viven para siempre para proclamarlo a Él Rey. ¡Él es Señor de señores y Rey de reyes!

Entender los tiempos en que vivimos, aunque desconozcamos la fecha exacta del regreso de Jesús, nos hace obrar con fe. El Padre siempre quiere llevarnos a una mayor fe. Él no nos revela todo a propósito para que escojamos operar en fe, aun cuando no entendamos. ¿Le creeremos o no?

La Novia de Cristo se someterá al Espíritu Santo y creerá. Y es por el Espíritu Santo que podemos entender la época en que vivimos, aunque no sepamos la fecha exacta en que algo sucederá.

También podemos mirar las profecías que se han cumplido. Sabemos que Jerusalén fue conquistada por Roma, el templo fue destruido y los cristianos huyeron a las montañas (Lucas 21:6, 20). También ha habido otras profecías de Jesús que se han cumplido. Por ejemplo, Jesús profetizó que los judíos serían asesinados y enviados al exilio (Lucas 21:24 "Y caerán a filo de espada, y serán llevados cautivos a todas las naciones. Y Jerusalén será hollada por los gentiles hasta que se cumplan los tiempos de los gentiles"). Esta profecía se cumplió en el año 70 d.C., cuando los romanos derrotaron a los judíos y destruyeron Jerusalén y el templo, además de matar a un gran número de judíos. Luego obligaron a casi 100.000 personas a exiliarse. Josefo (un historiador judío que vio lo que sucedió de primera mano), escribe: "Ahora bien, el número de los que fueron llevados cautivos durante toda esta guerra se recogió en noventa y siete mil". (Las Guerras de los Judíos, Libro VI, Capítulo 9)

Además, Jesús profetizó que habría falsos mesías. Marcos 13:5-6 dice: **"Respondiendo Jesús, comenzó a decirles: 'Mirad que nadie os engañe. Porque vendrán muchos en mi nombre, diciendo: «Yo soy», y engañarán a muchos'"**. Desde que Jesús ascendió al cielo, ha habido muchas personas que han afirmado ser el Mesías o que han reclamado que seguirles era el único camino al cielo. Cada uno de ellos ha sido falso.

Y luego está la profecía de que habría guerras, rumores de guerra, terremotos, pestes y hambrunas. ¿Se han dado cuenta de que esto ha sucedido casi continuamente desde que Jesús lo dijo, y sigue sucediendo hasta el día de hoy? Vemos hambrunas en varias partes del mundo, hay terremotos y amenazas de ellos, hay guerras en algún lugar todo el tiempo, y aún más rumores de ellas que nos dicen que borrarán a la humanidad del planeta. Sin embargo, esto no indica el fin, sino que simplemente señala que el fin aún está por llegar.

Otra profecía es que los seguidores de Jesús serían perseguidos, serían traicionados y odiados por los suyos, se levantarían falsos profetas y el amor se enfriaría. Esto comenzó a suceder inmediatamente después del derramamiento del Espíritu Santo. La gente acusaba a la nueva iglesia llena del Espíritu de estar borracha mientras se burlaban y ridiculizaban de ellos. Poco después, Santiago, el hermano de Juan, fue condenado a muerte, la Iglesia fue perseguida y dispersada, Esteban fue martirizado, Pedro y Juan fueron encarcelados, y mucho más. Esta persecución ha continuado hasta este día, donde quiera que el Espíritu del Señor está presente.

Pablo trata este tema en 2ª de Timoteo 3:1-9.

Pero sabed que en los postreros días vendrán tiempos peligrosos: Porque habrá hombres amadores de sí mismos, amadores del dinero, jactanciosos, soberbios, blasfemos, desobedientes a los padres, ingratos, impíos, faltos de amor, implacables, calumniadores, sin dominio propio, brutales, despreciadores del bien, traidores, testarudos, altivos, amadores de los placeres más que de Dios, que tienen

apariencia de piedad, pero niegan su poder. ¡Y de ellos apartaos ¡Porque de esta clase son los que se introducen en los hogares y hacen cautivas a las mujeres crédulas, cargadas de pecados, guiadas por diversas lujurias, siempre aprendiendo y nunca capaces de llegar al conocimiento de la verdad! Así como Janes y Jambres se resistieron a Moisés, así también éstos se resisten a la verdad: hombres de mentes corrompidas, desaprobados en cuanto a la fe; pero no progresarán más, pues su locura será manifiesta a todos, como lo fue también la de ellos.

Habla de los tiempos peligrosos que vendrán, en los que los hombres serán amantes de sí mismos y harán toda clase de maldades. Sin embargo, señala que su locura se hará evidente a todos, que es exactamente lo que Jesús estaba describiendo en la parábola del trigo y la cizaña cuando dice que madurarán juntos. Se puede saber de qué está hecho realmente algo cuando madura. Estos falsos profetas y falsos creyentes serán mostrados por lo que son también. Y estas señales también está sucediendo ahora mismo.

Todas estas señales que Jesús dijo que señalarían el tiempo del fin están sucediendo ahora o han sucedido en el pasado. Hay algunos que aún no han ocurrido, pero el significado de estos se aclarará en los días venideros porque como el ángel le dijo a Daniel, en el tiempo del fin los impíos no entenderían, pero los sabios entenderán. Es a través del Espíritu de Cristo que entendemos las cosas profundas de Dios. Él nos da la revelación de Jesucristo, y Él continuará revelando cosas a medida que pasa el tiempo.

CAPÍTULO 6

EL LIBRO DE **APOCALIPSIS.** - EL PRINCIPIO

L a Revelación de Jesucristo, que Dios le dio a Él para mostrar a Sus siervos - cosas que deben suceder pronto. Y la envió y dio a entender por medio de su ángel a su siervo Juan, el cual dió testimonio de la palabra de Dios y del testimonio de Jesucristo, de todas las cosas que vió. Bienaventurado es el que lee, y aquellos que oyen las palabras de esta profecía, y guardan las cosas en ella escritas; porque el tiempo está cerca. (Apocalipsis 1:1- 3)

En primer lugar, el libro del Apocalipsis es la Revelación de Jesucristo. No es la revelación del anticristo o la revelación del mal. Jesús es revelado como el Cordero que fue inmolado y se le ha dado la autoridad y el poder de juzgar. Se revela como el Juez justo que tiene el cetro de hierro en Su mano.

A lo largo de la Revelación de Jesucristo, Él se revela de muchas maneras. Él declara,

«Yo soy el Alfa y la Omega, el Principio y el Fin, el que es y el que era y el que ha de venir, el Todopoderoso». (1:8)

«Yo soy el Alfa y la Omega, el Primero y el Último». (1:11)

«Yo soy el Primero y el Último». (1:17)

"Yo soy el que vive, y estuve muerto, y he aquí que vivo por los siglos de los siglos. Y tengo las llaves del Hades y de la Muerte". (1:18)

[Yo Soy] «... El que tiene las siete estrellas en Su mano derecha, el que camina en medio de los candelabros de oro...» (2:1) [Yo soy] «...el Primero y el Último, el que estaba muerto y volvió a la vida...» (2:8)

[Yo soy] «...el que tiene la espada aguda de dos filos...» (2:12)

[Yo soy] «...el Hijo de Dios, que tiene ojos como llama de fuego, y sus pies como bronce bruñido...» (2:18)

[Yo soy] «...el que tiene los siete Espíritus de Dios y las siete estrellas...» (3:1)

[Yo soy] «...El que es santo, el que es verdadero, el que tiene la llave de David, el que abre y nadie cierra, y cierra y nadie abre...» (3:7)

[Yo soy] «...el Amén, el testigo fiel y verdadero, el principio de la creación de Dios...» (3:14)

[Yo soy] «...el Alfa y la Omega, el Principio y el Fin, el Primero y el Último» (22:13).

[Yo soy] «...la Raíz y la Descendencia de David, la Estrella Brillante de la Mañana» (22:16).

Jesús no solo se llama a sí mismo con estos nombres, sino que aparece como un Cordero y como un Guerrero, y otros hablan de Él diciendo cosas como:

«... **el León de la tribu de Judá, la Raíz de David**...» (5:5)

«... **El que es, el que era y el que ha de venir**...» (11:17)

«... **Señor Dios Todopoderoso... Rey de los santos**...» (15:3)

«... **Señor Dios Todopoderoso**...» (19:6)

«... **Fiel y Verdadero**...» (19:11)

«... **La Palabra de Dios**...» (19:13)

«... **Rey de reyes y Señor de señores**...» (19:16)

En segundo lugar, el Apocalipsis de Jesucristo es «significado», lo que significa que es visionario, onírico (relativo a sueños), que utiliza símbolos o signos; es profético. El libro del Apocalipsis no es prosa directa. En cambio, se puede impresionar mejor los sentidos de alguien cuando se le muestra y siente algo, en lugar de solo hablarlo. Cuantos más sentidos se involucran, mejor se entiende algo y se recuerda.

Por ejemplo, mi hija adolescente tuvo un sueño que era bastante aterrador en algunos aspectos y extremadamente vívido. El Espíritu Santo nos dijo que le había dado un sueño dramático porque era algo que realmente quería que recordara, y no quería que descartara el mensaje. El Apocalipsis de Jesucristo también es muy dramático y, por ello, muy memorable. No solo tenemos palabras, sino que tenemos imágenes que representan a Jesús, los sistemas mundiales, los gobernantes y los principados, entre otras cosas.

81

Sin embargo, a través de todo esto, debemos ser conscientes de que el Apocalipsis nos revela a Jesús. Él siempre fue - Él es- Él siempre será; Él es el Creador; Él es el Juez justo; Él es el Cordero inmolado antes de la fundación del mundo; Él es el Hijo nacido en Apocalipsis 12; Él es el Rey de reyes y Señor de señores en Apocalipsis 19, y Él está viniendo de nuevo en Apocalipsis 22. Por lo tanto, el tema extrapolable de todo el Apocalipsis para nosotros debe ser: «**¡Los reinos de este mundo han venido a ser los reinos de nuestro Señor y de su Cristo, y Él reinará por los siglos de los siglos!**» (Apocalipsis 11:15).

A lo largo del Apocalipsis de Jesucristo, Juan vio acontecimientos pasados, presentes y futuros (Apocalipsis 1:9). Parece que mucha gente pasa esto por alto porque piensan que todo debe suceder de forma secuencial. En otras palabras, todas las plagas deben suceder en orden, y cada capítulo sucesivo sigue al anterior en orden cronológico, etc. Sin embargo, esto no es cierto.

El libro del Apocalipsis no está escrito de forma lineal, sino profética. Esto significa que lo que estamos leyendo no está pasando en orden secuencial. El tiempo fue creado para el hombre, pero Dios está fuera del tiempo. Por lo tanto, cuando un profeta o, en este caso, un apóstol, ve lo que está sucediendo en el cielo, puede ser difícil traducir eso a un mundo donde existe el tiempo.

El Señor dijo en una palabra profética el 10 de septiembre de 2021:

> *«... los minutos, las horas, los días y los años son para los hombres. Los tiempos, las estaciones, las épocas y las eras son del Señor. Por lo tanto, he creado el tiempo para los hombres, pero Mi reino permanece para siempre y no depende del tiempo. Mis profetas contemplan las cosas del reino. Ven las cosas que Yo he puesto en*

marcha. Les digo cuándo estoy a punto de hacer algo. Ellos «traducen» lo que ven y oyen de Mi Reino y lo traen a los hombres. Esta «traducción» es difícil para ellos debido a la transición de lo eterno a lo temporal». (El Tiempo Profético de Dios)

Continuó diciendo:

«Cuando hablo a mis profetas y ellos profetizan sobre un acontecimiento futuro, yo los he sacado de su paradigma temporal y los he vuelto a colocar en él en un momento diferente. Ellos ven el acontecimiento y luego regresan al lugar donde lo dejaron. Por esta razón, les resulta difícil fechar un acontecimiento futuro a menos que yo se lo diga, o vean algo que tenga una fecha o por algún otro medio puedan evaluar el tiempo. Viajan a través del tiempo en el Espíritu, y solo tarda un instante en suceder». (El Tiempo y Lo Profético, 24 de octubre de 2022)

Cuando leemos el Apocalipsis, o cualquier visión o palabra profética, debemos resistir la tentación de encajarla en una línea de tiempo preconcebida. Juan vio la caída de Satanás, el nacimiento de Cristo, el regreso de Cristo y todo lo que hay entre medias en un orden muy confuso. Estaba viendo visiones fuera del tiempo. Es lo mismo que cuando las Escrituras declaran que Jesús era el Cordero inmolado desde la fundación del mundo. En la tierra, colocamos el sacrificio de Cristo en una línea temporal, pero Dios dice que se llevó a cabo antes de que lo viéramos suceder.

El Apocalipsis está escrito proféticamente, no ordenado en secuencias. Solo puede ser interpretado por el Espíritu de Profecía, que nos trae revelación de los misterios de Dios (1 Corintios 2).

Sabiendo esto, entonces, hay muchas cosas en el Apocalipsis que ya han sucedido. Comenzaremos con las siete iglesias mencionadas en Apocalipsis 1-3.

Las siete iglesias a las que Juan escribió en el Apocalipsis existieron realmente. Estaban situadas en lo que hoy llamamos Asia Menor, o lo que es la actual Turquía. Los mensajes dados a cada iglesia eran específicos para esas iglesias y, sin embargo, como la mayoría de las palabras proféticas de las Escrituras, el Espíritu Santo puede utilizar la misma palabra profética varias veces para circunstancias diferentes. Tomemos como ejemplo Isaías 45:1-3. Dice así:

> **Así dice el Señor a su ungido, a Ciro,**
> **cuya mano derecha yo sostengo**
> **Para someter a las naciones ante él**
> **y desatar las armaduras de reyes,**
> **para abrir ante él las puertas dobles,**
> **para que las puertas no sean cerradas;**
> **Yo iré delante de ti**
> **y enderezaré los lugares torcidos;**
> **romperé en pedazos las puertas de bronce**
> **y cortaré las barras de hierro.**
> **Te daré los tesoros de las tinieblas**
> **y las riquezas escondidas en lugares secretos,**
> **para que sepas que Yo, el Señor,**
> **quien te llama por tu nombre,**
> **Soy el Dios de Israel».**

El Señor utilizó esta profecía sobre el rey Ciro durante la época del presidente Donald J. Trump, el 45.º presidente, para profetizar las cosas que el presidente Trump lograría. Cabe destacar que el capítulo es el número 45, al igual que el presidente. Este es un ejemplo, pero el Señor hace esto todo el tiempo. El Espíritu Santo inspiró las Escrituras, y Él es quien puede decir lo que significan en un momento dado.

El Señor dijo el 24 de agosto de 2021:

> *«El Padre ha establecido tiempos y estaciones para todas las cosas. Él es soberano, y no hay otro. Sin embargo, en su amor y misericordia, ha deseado asociarse con los hombres. Quiere asociarse a través de su Espíritu, quien os guiará a toda la verdad. En este día, Él desea mostraros cómo comprender los tiempos en los que vivís y, sí, también el fin de los tiempos. Quiere que veáis las Escrituras que declaran y predicen la aparición de Jesús. Él simplemente os pregunta: ¿sabían los eruditos cuándo Él aparecería? ¿O dónde? ¿O de qué manera aparecería? ¡Yo digo que no¡. Y, sin embargo, en el año 2021, los eruditos piensan que pueden averiguarlo todo. Con gran orgullo señalan cómo los profetas están equivocados porque lo que dicen no concuerda de alguna manera con lo que ellos han descubierto, o con las señales que han decidido que significan algo. Debes decidir en qué creer: en las palabras escritas en una página o en Mi Espíritu, cuyas palabras concuerdan con las Escrituras. Amén». (El tiempo profético de Dios)*

En otras palabras, escuchemos al Espíritu Santo y Él confirmará en las Escrituras lo que dice. No podemos averiguarlo por nuestra cuenta.

Teniendo esto en cuenta, había muchas iglesias en la época en que se escribió el Apocalipsis. Cada ciudad que tenía creyentes nacidos de nuevo y llenos del Espíritu tenía una iglesia en ella. Sin embargo, Jesús le dijo a Juan que escribiera las siete cartas a siete iglesias específicas de Asia, aunque estas cartas acabarían siendo leídas por casi todos los demás creyentes que vivían entonces y que vivirían más tarde en la historia.

Los detalles individuales dados a cada iglesia eran específicos para esa iglesia en particular en ese momento concreto. Sin embargo, en ocasiones el Espíritu Santo utilizará partes de estas palabras dirigidas a las siete iglesias como alabanzas o advertencias a Su pueblo, el que se encuentra actualmente en la tierra, aunque estas palabras ya se hayan cumplido.

A la iglesia de Éfeso, Jesús le dice que han perseverado, han tenido paciencia y han trabajado por su nombre. Pero les reprende por haber abandonado su primer amor. No es muy difícil ver que el Espíritu Santo puede reprender a cualquiera de nosotros por trabajar para Él, pero que después empezamos a alejarnos de amarle a Él. Él no busca esclavos, sino hijos. Un hijo trabaja por amor. Un esclavo trabaja por obligación. Por lo tanto, esta palabra a los efesios puede ser utilizada una y otra vez, tantas veces como Jesús lo desee.

Jesús luego le dice a la iglesia en Esmirna que conoce sus obras, tribulaciones y pobreza, y les advierte que serán puestos a prueba, enfrentarán tribulaciones y serán encarcelados. Y, sin embargo, los anima a permanecer fieles. Una vez más, el Espíritu Santo puede llevar partes de esta palabra a su pueblo en todo el mundo que se enfrenta a circunstancias similares a las de la iglesia de Esmirna, aunque esta iglesia era una iglesia real y esta era una palabra literal de Jesús a esa iglesia. Además, la persecución que vino a través del emperador Diocleciano duró diez años, lo cual leeremos cuando discutamos el quinto sello.

Después de esto, Jesús le dice a la iglesia de Tiatira:

«Conozco tus obras, tu amor, tu servicio, tu fe y tu paciencia... Sin embargo, tengo algunas cosas en contra tuya, porque permites que esa mujer Jezabel, que se hace llamar profetisa, enseñe y seduzca a Mis siervos para que cometan inmoralidad sexual y coman cosas sacrificadas a los ídolos». (Apocalipsis 2:19-20)

Aunque estas circunstancias concretas puedan no darse en otra iglesia a lo largo de la historia, es cierto que podemos ser amorosos, fieles y pacientes, trabajar diligentemente para difundir el evangelio y, aun así, ser blandos con el pecado. A veces, el deseo de amar a las personas nos lleva a permitir algo en nuestra comunidad que no debería estar allí. Lo llamamos «teología amable». Ser amable no significa dar palmaditas en la espalda a las personas hasta llevarlas al infierno. Así que, al igual que Jesús corrigió a la iglesia de Tiatira, puede que vuelva a utilizar estas Escrituras para corregir otra parte de su iglesia actual, pero eso no significa que esto no haya ocurrido ya.

Después de Tiatira, Jesús reprende a la iglesia de Sardis por actuar como si estuvieran vivos, cuando en realidad estaban muertos. Suena a religión. Se han dicho muchas palabras a la iglesia con respecto a la religión. Hacer obras fuera de la guía y la sumisión al Espíritu Santo no nos llevará a ninguna parte, aunque esas obras parezcan buenas por fuera. Y, sin embargo, al igual que en las iglesias de hoy, había un remanente en Sardis que no contaminó sus vestiduras (Apocalipsis 3:4).

La iglesia de Filadelfia sigue a Sardis y aparentemente es todo lo contrario. Esta iglesia es elogiada por su perseverancia y se le prometen grandes recompensas. Aunque en aquel momento se trataba de una iglesia literal, el Espíritu Santo puede tomar partes de estas mismas palabras y utilizarlas de nuevo para otras iglesias de toda la tierra en cualquier momento que desee animar y fortalecer el cuerpo de Cristo.

Por último, la iglesia de Laodicea es reprendida por ser tibia. Esta es quizás la iglesia más conocida porque es la última de la lista, por lo que durante muchos años la gente ha pensado que era representativa de la iglesia actual. Puede que sea representativa de la iglesia institucional, pero definitivamente no es representativa de la verdadera iglesia de Jesucristo. Su iglesia lo ama y lo sigue. Su iglesia da su vida por su nombre. Su iglesia es como Él. ¡Alabado sea Dios!

Además de las siete iglesias, hay otros acontecimientos a lo largo del Apocalipsis que se ocurrido desde que Juan los vio, o que ya habían pasado cuando se le mostraron a Juan. Por ejemplo, Apocalipsis 4 muestra al Señor en su trono con las criaturas, los santos y los ángeles adorándole. Esto es algo que ya ocurría antes de que Juan lo viera, que ocurría cuando Juan lo vio y que sigue ocurriendo hoy en día. El cielo es atemporal, y esto es algo que ocurre continuamente.

En Apocalipsis 5, Juan es testigo de que Jesús es el Cordero sacrificial que venció al pecado, la enfermedad y la muerte. Como tal, Él es el Único en todo el Apocalipsis que ha sido hallado digno de juzgar. Jesús dijo en Mateo 10:34: «**No penséis que he venido para traer paz a la tierra; no vine para traer paz, sino espada**». Jesús continúa diciendo que Él es la línea divisoria entre aquellos que eligen seguir a Dios y aquellos que no lo hacen. A través de Sus juicios en Apocalipsis, Él está dividiendo entre aquellos que son Suyos y aquellos que no lo son.

Comenzaremos los juicios en el próximo capítulo.

CAPÍTULO 7

LOS SIETE SELLOS Y LAS SIETE TROMPETAS

——————◆◄◄◆►►◆——————

Apocalipsis 6 describe seis de los siete sellos que Jesús, el Cordero, abre.

Entonces vi cuando el Cordero abrió uno de los sellos, y oí a uno de los cuatro seres vivientes decir con voz como de trueno: «Ven y mira». Miré, y vi un caballo blanco; el que lo montaba tenía un arco; y le fue dada una corona, y salió venciendo y para vencer. (Apocalipsis 6:1-2)

El primer sello revela la conquista de Israel, que ocurrió entre los años 64 y 70 d. C., y que culminó con la destrucción de la ciudad santa, el templo y su pueblo. Los que no perecieron fueron llevados cautivos. El jinete y el caballo de este primer sello representan a Roma. La corona dada al jinete representa la aprobación del Señor y muestra que Roma estaba haciendo lo que hacía por lo que Él les había dado. Él les había dado permiso para conquistar porque Israel no reconoció al Mesías cuando vino.

Esto es tal y como Jesús profetizó en Lucas 19:41-44.

Cuando se acercó, vio la ciudad y lloró por ella, diciendo: «¡Si hubieras conocido, incluso tú, especialmente en este día

tuyo, las cosas hechas por tu paz! Pero ahora están ocultas a tus ojos. Porque vendrán días sobre ti en que tus enemigos te rodearán con trincheras, te sitiarán y te cercarán por todos lados, y te derribarán a ti y a tus hijos dentro de ti, y no dejarán en ti piedra sobre piedra, porque no conociste el tiempo de tu visitación».

Por eso Jesús dijo a sus seguidores que se marcharan cuando vieran venir a los ejércitos contra Jerusalén, porque su pueblo no debía estar bajo este juicio.

Después de esto vino el segundo sello.

Cuando abrió el segundo sello, oí al segundo ser viviente decir: «Ven y mira». Otro caballo, rojo como el fuego, salió. Y al que lo montaba se le concedió quitar la paz de la tierra, y que los hombres se mataran unos a otros; y se le dio una gran espada. (Apocalipsis 6:3-4)

El segundo sello inicia el juicio sobre Roma y el sistema mundial que representa. Revela la eliminación de la paz, que culmina en que las personas se maten unas a otras. Entre los años 180 y 235 d. C., Roma libró guerras civiles a medida que los emperadores iban y venían. Estas guerras civiles dentro de la nación llevaron al tercer sello.

Cuando abrió el tercer sello, oí al tercer ser viviente decir: «Ven y mira». Miré, y vi un caballo negro, y el que lo montaba tenía una balanza en la mano. Y oí una voz en medio de los cuatro seres vivientes que decía: «Un cuarto de

trigo por un denario, y tres cuartos de cebada por un denario; y no dañes ni el aceite ni el vino». (Apocalipsis 6:5-6)

El tercer sello del Apocalipsis 6 revela un caballo negro que trae consigo una crisis económica. A lo largo de la historia ha habido muchas recesiones económicas, pero este sello hace referencia a la hiperinflación debida a la devaluación de las monedas romanas en Roma entre los años 235 y 249 d. C. Los ciudadanos romanos estaban sometidos a fuertes impuestos debido a las inmensas guerras libradas por el ejército. Los impuestos podían pagarse en grano, aceite y vino. Esta fuerte tributación provocó una hambruna.

Cuando abrió el cuarto sello, oí la voz del cuarto ser viviente que decía: «Ven y mira». Miré, y vi un caballo pálido. Y el nombre del que lo montaba era Muerte, y el Hades le seguía. Y se les dio poder sobre la cuarta parte de la tierra, para matar con espada, con hambre, con muerte y con las bestias de la tierra. (Apocalipsis 6:7-8)

El cuarto sello ocurrió entre los años 249 y 262 d. C., cuando, después de que Roma sufriera guerras civiles y hambrunas, cayeron en enfermedad, causando muchas muertes. En un momento dado, se informó de que morían 5000 personas al día. La hambruna del tercer sello seguía causando estragos y las luchas internas del segundo sello continuaban. De ahí la espada, el hambre y la muerte, tal y como el sello indica.

Cuando Él abrió el quinto sello, vi debajo del altar las almas de los que habían sido asesinados por la palabra de Dios y por el testimonio que habían mantenido. Y clamaban a gran

voz, diciendo: «¿Hasta cuándo, Señor, santo y verdadero, no juzgas y vengas nuestra sangre sobre los que moran en la tierra?». Entonces a cada uno de ellos se le dio una vestidura blanca, y se les dijo que descansaran un poco más, hasta que se completara el número de sus consiervos y sus hermanos, los cuales serían asesinados como ellos. (Apocalipsis 6:9-11)

El quinto sello comenzó alrededor del año 303 d. C. y terminó en el 313 d. C. Durante este período, la persecución de los cristianos se intensificó hasta un grado nunca antes visto en Roma. En el año 303, el emperador Diocleciano «derogó las leyes aprobadas en el año 260 (que protegían a los cristianos) y promulgó edictos que prohibían la fe y obligaban a todos los ciudadanos a adorar y sacrificar a los «antiguos dioses» de Roma (los judíos estaban exentos). Quienes no lo hacían eran condenados a prisión o incluso a la ejecución. Este ataque fue mucho más exhaustivo que los anteriores. Nerón, por ejemplo, aunque ejecutó a cristianos, limitó sus ataques solo a Roma. La persecución de Diocleciano se extendió por todo el imperio... En el verano de 303, se publicó un segundo edicto ordenando el encarcelamiento de todo el clero. Al año siguiente se promulgó otro edicto que exigía a todos los ciudadanos que realizaran sus sacrificios a los dioses públicamente, y si se negaban, serían ejecutados». (Gran Persecución (303-313) - HistoriaRex.com)

Es interesante que Jesús le dijera a la iglesia de Esmirna que tendrían tribulación durante 10 días, y este período increíblemente intenso duró 10 años.

Miré cuando Él abrió el sexto sello, y he aquí, hubo un gran terremoto; y el sol se puso negro como tela de cilicio, y la luna se volvió como sangre. Y las estrellas del cielo cayeron

sobre la tierra, como cuando una higuera sacude sus higos tardíos al ser sacudida por un viento fuerte. Entonces el cielo se retiró como un pergamino cuando se enrolla sobre sí, y todas las montañas e islas fueron movidas de su lugar. Y los reyes de la tierra, los grandes, los ricos, los comandantes, los poderosos, todos los esclavos y todos los hombres libres, se escondieron en las cuevas y en las rocas de las montañas, y decían a las montañas y a las rocas: «¡Caed sobre nosotros y escondednos del rostro de aquel que está sentado en el trono y de la ira del Cordero! Porque ha llegado el gran día de su ira, ¿y quién podrá sostenerse en pie?» (Apocalipsis 6:12-17)

El sexto sello, que representa un terremoto, la caída de las estrellas, el retroceso del cielo y la huida de las personas ante la ira de Dios, es una visión de la caída del Imperio Romano pagano. Este juicio contra Roma tuvo lugar durante el reinado de Constantino, un converso al cristianismo. Él puso fin a la persecución contra los cristianos y, a lo largo de su reinado y el de Teodosio I, el paganismo de Roma fue prácticamente destruido, y algunos de los antiguos perseguidores de los creyentes supuestamente se arrepintieron. Además, se dice que bajo Constantino, aproximadamente la mitad de Roma se convirtió al cristianismo. La destrucción de la Roma pagana y de todos sus dioses fue como estrellas cayendo del cielo y el cielo retrocediendo como un pergamino. El imperio seguía en pie, pero ya no era predominantemente pagano. La caída del Imperio Romano pagano fue un acontecimiento muy dramático en la historia.

A través de estos sellos, Jesús mostró a la Iglesia lo que estaba por venir, revelando sus juicios. En nuestro momento de la historia, vemos que estos seis sellos ya han sucedido.

Después de los primeros seis sellos, Juan ve a cuatro ángeles que retienen el viento hasta que los siervos de Dios reciben Su sello. Luego pasa a una multitud que ha salido de la tribulación. Esta es una representación de la iglesia de Jesucristo. El número 144 000, divisible por 12 en 12.000, es un cubo perfecto. Es la iglesia llena del Espíritu, y aquellos que han soportado la tribulación, no solo como mártires físicos, sino aquellos que permanecen firmes en la fe, se presentan ante el trono en el Espíritu y recibirán una gran recompensa porque han muerto a sí mismos. Esta parte del Apocalipsis de Jesucristo ha estado sucediendo desde que el Espíritu fue derramado por primera vez. En cada generación ha habido quienes han salido de la tribulación con fe. Jesús está edificando su iglesia. Somos piedras vivas edificadas sobre el fundamento de los apóstoles y profetas, con Jesucristo como piedra angular. Y aún, el edificio no estará completo hasta el final.

Después de la visión de la iglesia perfecta, Juan ve cómo se abre el séptimo sello, donde es testigo de las oraciones de los santos mezcladas con el humo del incienso en el cielo. Entonces, un ángel toca la primera trompeta, que es granizo y fuego con sangre, y un tercio de la vegetación y los árboles se queman. Las trompetas en las Escrituras suelen ser una llamada a la batalla. Estas trompetas indican guerras.

El primer ángel tocó la trompeta: Y vino granizo y fuego mezclados con sangre, y fueron arrojados a la tierra. Y se quemó la tercera parte de los árboles, y se quemó toda la hierba verde. (Apocalipsis 8:7)

La Primera Trompeta sonó cuando los Visigodos atacaron el Imperio Romano entre los años 400 y 410 d. C., tras la muerte del emperador

Teodosio I. Liderados por Alarico, los Godos representan el granizo del Norte. El fuego representa su política de tierra quemada, y la sangre representa las numerosas muertes causadas por esta invasión y saqueo de Roma.

> **Entonces sonó el segundo ángel: Y algo como una gran montaña ardiendo en fuego fue arrojado al mar, y un tercio del mar se convirtió en sangre. Y un tercio de los seres vivientes del mar murió, y un tercio de los barcos fue destruido.** (Apocalipsis 8:8-9)

La segunda trompeta fue una batalla en los mares, cumplida por la gran nación (una montaña) de los vándalos liderados por Genserico, quienes atacaron las costas mediterráneas, así como las islas, entre los años 425 y 470 d. C. Una vez más, se derramó mucha sangre en esta guerra.

> **Entonces el tercer ángel tocó la trompeta: Y cayó del cielo una gran estrella, ardiendo como una antorcha, y cayó sobre la tercera parte de los ríos y sobre las fuentes de las aguas. El nombre de la estrella es Ajenjo. La tercera parte de las aguas se convirtió en ajenjo, y muchos hombres murieron por el agua, porque se hizo amarga.** (Apocalipsis 8:10-11)

La tercera trompeta liberó una gran estrella llamada Ajenjo, que amargó las aguas. Esta gran estrella era Atila el Huno, llamado «el azote de Dios». Se sabe que Atila libró sus principales batallas en los ríos. De hecho, procedía de la zona cercana a un río en Ilírico, llamado Ajenjo en griego («Apsynthos»). Atraía a los ejércitos romanos para que cruzaran los ríos y, cuando lo hacían, los hunos los atacaban. Se estima que 300.000 hombres murieron en las fuentes de los ríos Danubio, Rin y Po, que alimentaban a más de 40 ríos que cubrían un tercio del Imperio Romano, y sus cadáveres en descomposición amargaron las aguas. Por lo tanto, esta trompeta se ha cumplido.

> **Entonces sonó el cuarto ángel. Y un tercio del sol fue golpeado, un tercio de la luna y un tercio de las estrellas, de modo que un tercio de ellos se oscureció. Un tercio del día no brilló, y lo mismo ocurrió con la noche. Y miré, y oí a un ángel que volaba por en medio del cielo, diciendo a gran voz: «¡Ay, ay, ay de los habitantes de la tierra, por las trompetas que están por sonar los tres ángeles que están por sonar!»** (Apocalipsis 8:12-13)

La cuarta trompeta describe cómo se oscureció un tercio del sol, la luna y las estrellas. Sabemos por Génesis 37:9 que José soñó que su padre, su madre y sus hermanos estaban representados por el sol, la luna y las estrellas. El sol, la luna y las estrellas son símbolos de quienes ostentan la autoridad y de un reino. La cuarta trompeta representa la caída del liderazgo romano cuando Rómulo Augústulo, el último emperador romano de Occidente, fue capturado en el año 476 d. C. por los hérulos, liderados por Odoacro. Augústulo era el máximo líder de un tercio del Imperio Romano. En este caso, él sería el sol. Los líderes menores, la luna y las estrellas, representan a los líderes romanos de menor rango en la jerarquía del poder. Estas cuatro primeras trompetas pusieron fin al Imperio Romano, dejando solo la parte oriental del Imperio, que pasó a conocerse como el Imperio Bizantino.

> **Después sonó el quinto ángel: Y vi caer una estrella del cielo a la tierra. A él se le dio la llave del abismo sin fondo...**

97

Entonces, del humo salieron langostas sobre la tierra. Y se les dio poder, como el poder que tienen los escorpiones de la tierra. Se les ordenó que no dañaran la hierba de la tierra, ni ninguna planta, ni ningún árbol, sino solo a los hombres que no tuvieran el sello de Dios en la frente. Y no se les dio autoridad para matarlos, sino para atormentarlos durante cinco meses. Su tormento era como el tormento de un escorpión cuando pica a un hombre. En aquellos días, los hombres buscarán la muerte y no la encontrarán; desearán morir, y la muerte huirá de ellos. La forma de las langostas era como la de caballos preparados para la batalla. En sus cabezas tenían coronas de algo como de oro, y sus rostros eran como rostros de hombres. Tenían cabello como el de las mujeres, y sus dientes eran como los dientes de los leones. Y tenían corazas de hierro, y el sonido de sus alas era como el sonido de carros con muchos caballos corriendo a la batalla. Tenían colas como escorpiones, y en sus colas tenían aguijones. Su poder era dañar a los hombres durante cinco meses. Y tenían como rey sobre ellos al ángel del abismo sin fondo, cuyo nombre en hebreo es Abadón, pero en griego tiene el nombre de Apolión.** (Apocalipsis 9:1-11)

La quinta trompeta da inicio a las calamidades. Tras la conquista de Occidente, el cristianismo en el Imperio Romano de Oriente quedó decididamente institucionalizado por la Iglesia católica. Se trataba de un paganismo mezclado con el cristianismo, con un hombre (el papa) al frente de la Iglesia. El emperador Constantino trasladó la capital de Roma a Constantinopla en el año 313 d. C. y, más tarde, la religión cristiana se convirtió en la religión oficial de Roma.

David y Tim Barton registran lo siguiente en su libro *The American Story, the Beginnings (La Historia Americana; los Comienzos)*:

... En el año 390 d. C... el emperador Teodosio I asumió unilateralmente el control de la Iglesia y la asimiló al Estado, decretando el cristianismo como religión oficial del imperio y declarando ilegales todas las demás religiones... A partir de entonces, los líderes estatales se erigieron a menudo en jefes de la Iglesia cristiana, y los funcionarios eclesiásticos respondían ante las autoridades gubernamentales y aplicaban las doctrinas religiosas que decretaban los líderes civiles. Este acuerdo se conoció como Iglesia establecida por el Estado. (p. 33)

Esta forma de gobernar una nación no redunda en beneficio del pueblo. La Iglesia debe influir en el gobierno, y no al revés. Muy pronto, solo los católicos fueron reconocidos como cristianos. Gran parte de la persecución de los verdaderos creyentes y de los que profesaban otras religiones vino de la mano de la Iglesia Católica Romana.

Al mismo tiempo, gran parte de la persecución contra cualquiera que se llamara «Cristiano» vino de manos de los musulmanes, que atacaron el Imperio Oriental durante 150 años, desde la muerte de Mahoma en el año 632 d. C. hasta la firma del Tratado de Constantinopla en el año 782, lo que cumple la profecía de los cinco meses, en la que un día equivale a un año (5 meses x 30 días = 150 años). La religión musulmana es demoníaca en su naturaleza, y la descripción de las langostas (que literalmente salen durante cinco meses, entre abril y septiembre) se ajusta a los Musulmanes en cuanto a imaginería. Por ejemplo, montaban muy bien a caballo, llevaban turbantes que parecían coronas, tenían el pelo largo como las mujeres, pero la cara cubierta de barba, como los hombres, y llevaban corazas. También disparaban flechas detrás o delante de ellos mientras cabalgaban, de ahí el aguijón en la cola de los escorpiones.

Durante la quinta trompeta, los Musulmanes atacaron Constantinopla, pero no lograron tomarla, solo atormentaron a la gente en lugar de matarla. Sin embargo, la sexta trompeta sí provocó la caída del resto de lo que quedaba del Imperio Romano, incluida Constantinopla. El juicio llegó al imperio oriental a través de los Musulmanes.

Luego el sexto ángel tocó la trompeta: Y oí una voz que provenía de los cuatro cuernos del altar dorado que está ante Dios, diciendo al sexto ángel que tenía la trompeta: «Suelta a los cuatro ángeles que están atados junto al gran río Éufrates». Y los cuatro ángeles que estaban preparados para la hora, el día, el mes y el año, fueron soltados para matar a la tercera parte de la humanidad. El número de los jinetes era doscientos millones; yo oí su número. Y así vi los caballos en la visión: los que los montaban tenían corazas de color rojo fuego, azul jacinto y amarillo azufre; y las cabezas de los caballos eran como cabezas de leones; y de sus bocas salía fuego, humo y azufre. Por estas tres plagas fue muerta la tercera parte de la humanidad, por el fuego, el humo y el azufre que salían de sus bocas. Porque su poder está en sus bocas y en sus colas, porque sus colas son como serpientes, y teniendo cabezas, y con ellas hacen daño. (Apocalipsis 9:13-19)

Como se ha dicho, la sexta trompeta describe la derrota del resto del Imperio Romano a manos del Imperio Turco.

Apocalipsis 9:16 dice: **«El número de los jinetes era doscientos millones; yo oí su número»**. Esta es una traducción muy pobre. Lo que se traduce como «cientos de millones» en realidad significa «diez mil» o «multitud innumerable». Los turcos organizaban sus ejércitos en unidades de diez mil. Los turcos también vestían uniformes rojos, azules y amarillos, y el líder que los condujo a través del río Éufrates era conocido como el «León Valiente». Su nombre era Alp Arsion. Además, los turcos llevaban colas de caballo en sus sombreros, usaban pólvora y cañones en la batalla, teniendo que encender la cola del cañón, con la explosión saliendo de su «boca». Constantinopla (construida sobre siete colinas), que pasó a llamarse Estambul, cayó debido a esta artillería. La recién fundada Estambul puso fin a la sexta trompeta en 1543.

Tras la derrota del Imperio Romano en 1543, algo mucho más insidioso ascendió al poder, algo que afirmaba estar por Jesús, pero que no lo era.

Bajo la autoridad de la Iglesia Católica Romana, llegaron los jesuitas en 1540. Su objetivo inicial era devolver a los protestantes al dominio de la Iglesia Católica Romana. Sin embargo, están y han estado compuestos por familias adineradas (Rothschild, Morgan, Rockefeller, etc.) que controlan el sistema monetario. Los jesuitas trabajan a través de las siguientes organizaciones: los Illuminati, el Consejo de Relaciones Exteriores, los banqueros internacionales, la mafia (el brazo criminal del Vaticano), el Club de Roma, el Opus Dei, los masones y el movimiento New Age. Hay más, pero estas son las organizaciones más destacadas en las que participan, algunas de las cuales parecen buenas por fuera, pero son malvadas. Nos referiremos a los jesuitas en el poder como luciferinos porque adoran a Satanás y están empoderados por esa serpiente.

Un artículo afirma:

> La Compañía de Jesús, más conocida como los Jesuitas, es la milicia armada de la Iglesia Católica Romana. Fueron sancionados en 1540 por el papa Pablo III con un mandato: derrotar al Protestantismo y recuperar el dominio Papal en todo el mundo. Para lograr esta monumental tarea, emplean métodos siempre adaptables de pseudoeducación, programas sociales, infiltración y toda la maldad que pueda ser concebida. No hace falta decir que están logrando un gran éxito en su misión, que está alcanzando su punto álgido con el actual papa, el papa Francisco... (https://prepareforchange.net/2019/11/05/10-facts-you-must- know-about-the-jesuits/)

A lo largo de los años, los Jesuitas se han infiltrado en todas las esferas de influencia de la sociedad y han establecido su orden mundial Luciferino en la cima de cada una de ellas. Los siguientes extractos le darán un ejemplo de lo que están haciendo los jesuitas.

Obviamente, los jesuitas no fueron expulsados de muchas naciones (ni siquiera de las Naciones católicas) por su labor educativa o caritativa. Fueron expulsados por participar y llevar a cabo complots políticos subversivos contra la humanidad para promover su propia causa.

> «Entre 1555 y 1931, la Compañía de Jesús [es decir, la Orden Jesuita] fue expulsada de al menos 83 países, ciudades-estado y ciudades por participar en intrigas políticas y complots subversivos contra el bienestar del Estado, según los registros de un sacerdote Jesuita de renombre [es decir, Thomas J. Campbell]. Prácticamente todos los casos de expulsión se debieron a intrigas políticas,

infiltración política, subversión política e incitación a la insurrección política».

Los jesuitas son conocidos por su engaño, espionaje, infiltración, asesinato y revolución. Trabajaron profundamente en el ámbito político y conspiraron a través de la política en todos los países del mundo. (Fuente: «The Babington Plot», de J.E.C. Shepherd, p. 12).

Cuando los jesuitas son expulsados de un país, simplemente cambian de estrategia y regresan al país del que fueron expulsados bajo un nuevo disfraz. Lo siguiente resume su estrategia operativa: «Llegamos como corderos y gobernaremos como lobos. Seremos expulsados como perros y volveremos como águilas». Fuente: Francesco Borgia, Tercer Jesuita Superior General. (https://prepareforchange.net/2019/11/05/10-facts-you-must-know-about-the-jesuits/)

Es necesario comprender esta parte de la historia para pasar de las profecías de las trompetas a las profecías de las copas de la ira en Apocalipsis 16.

Por ahora, volveremos a centrar nuestra atención en Jesús y sus planes para la humanidad. El Salmo 2:1-5 dice:

> **¿Por qué se amotinan las naciones**
> **y los pueblos traman cosas vanas?**
> **Los propios reyes de la tierra se han levantado,**
> **y los gobernantes toman consejo juntos,**
> **contra el Señor y contra su Ungido, diciendo:**
> **«Rompamos sus ataduras en piezas**
> **y desechemos sus cuerdas».**

El que mora en los cielos se reirá;
el Señor se burlará de ellos.
Entonces les hablará en Su ira,
Y los angustiará en su profundo desagrado...

¿Veis qué cosa tan vana es oponerse al Señor y a su pueblo? Jesús siempre vence. De hecho, el Señor ni siquiera tiene pensamientos de perder. Así que, por mucho que se las ingenien los que siguen las órdenes del maligno, nunca sorprenderán al Señor ni se acercarán siquiera a derrotarlo.

Como dice la profecía del 8 de marzo de 2022 titulada «Actores», ¡el Señor siempre vence!

El Señor dice que prácticamente todos los líderes del mundo son actores. ¡Yo no podría haberlo imaginado! *Continuó diciendo... «Sí, algunos a los que supuestamente habéis elegido como líderes son en realidad otras personas. ¡Sí, verdaderos actores! Otros no son líderes. Ellos simplemente actúan en su parte, aunque están comprometidos por completo. Actúan como «líderes», pero no lideran. Simplemente siguen órdenes. Harían cualquier cosa que se les ordene: iniciar guerras, asesinar a su propio pueblo, incluso recurrir a armas nucleares. Se han vendido totalmente al mal y ambos lo saben, y de hecho abrazan al maligno, y han decidido seguir/obedecer a los secuaces del diablo en su cábala. Por lo tanto, yo, el Señor, os digo esto, pueblo mío, para que no lloréis la desaparición de estas personas que están en el liderazgo y en puestos de poder sobre las naciones. También quiero que sepáis que hay quienes no se han comprometido. ¡Incluso hay quienes hacen lo que yo les digo sin conocerme! Por lo tanto, no cedáis al miedo. Yo conozco el final desde el principio. A MÍ NUNCA me han engañado, nunca me han confundido, nunca me he sentido débil. Nunca me he sentado a retorcer Mis manos en preocupación, ¡Y YO NUNCA PIERDO! ¡Mi Ungido dará un paso al frente! La carta Trump será jugada. ¡Y aquellos que trafican con el miedo se volverán temerosos! ¡Mi justicia SERÁ SERVIDA! ¡TODO esto entrará en juego pronto, muy pronto! ¡Así que mantened vuestros ojos en Mi bondad y Mis promesas de los buenos tiempos que vienen! ¡No os dobleguéis, pueblo Mío! ¡No temáis! ¡Mi Espíritu está siendo derramado sobre todo el que esté dispuesto a llevarlo! Pídelo. ¡No te será negado! ¡Amén!»*.

¡Alabado sea el Señor! ¡Él es tan bueno!

CAPÍTULO 8

APOCALIPSIS, CAPÍTULOS 12, 13, & 14

¿O, qué dice la Escritura? «Abraham creyó a Dios, y le fue contado por justicia». Ahora bien, al que obra, no se le cuenta el salario como gracia, sino como deuda... ¿Cómo, pues, le fue contado? ¿Estando circuncidado o incircunciso? No estando circuncidado, sino estando incircunciso. Y recibió la señal de la circuncisión... para que fuera el padre de todos los que creen, aunque sean incircuncisos... Porque la promesa de que sería heredero del mundo no fue hecha a Abraham ni a su descendencia a través de la ley, sino a través de la justicia de la fe. Porque si aquellos que son de la ley son herederos, la fe es hecha nula y sin efecto y la promesa sin valor.** (Romanos 4:3-4, 10-14)

A través de Abraham la nación de Israel vino a ser. Sin embargo, Abraham no solo es el padre de los circuncidados en la carne, sino también de los circuncidados en el espíritu. En Apocalipsis 12, vemos ambas facetas en acción.

Entonces apareció en el cielo una gran señal: una mujer vestida con el sol, con la luna debajo de sus pies y sobre su cabeza una guirnalda de doce estrellas. Entonces, estando

embarazada, gritaba con los dolores del parto y dando alumbramiento. Y apareció otra señal en el cielo: mirad, un grande, fiero dragón rojo, con siete cabezas y diez cuernos, y siete diademas en sus cabezas. Su cola arrastró un tercio de las estrellas del cielo y las arrojó sobre la tierra. Y el dragón se puso de pie delante de la mujer que estaba lista para dar a luz, para devorar a su Hijo tan pronto como naciera. Ella dio a luz un Hijo varón, que había de regir todas las naciones con vara de hierro. Y su Hijo fue llevado ante Dios y su trono... Y estalló una guerra en el cielo: Miguel y sus ángeles lucharon contra el dragón; y el dragón y sus ángeles lucharon, pero no prevalecieron, ni fue encontrado ya más lugar para ellos en el cielo. Así fue expulsado el gran dragón, la serpiente antigua, llamada Diablo y Satanás, que engaña al mundo entero; fue echado a la tierra, y sus ángeles fueron expulsados con él. Entonces oí una gran voz en el cielo que decía: «Ahora ha llegado la salvación, la fuerza y el reino de nuestro Dios, y el poder de su Cristo ha llegado, porque ha sido derribado el acusador de nuestros hermanos, el que los acusaba delante de nuestro Dios día y noche. Y ellos lo vencieron por medio de la sangre del Cordero y por la palabra de su testimonio, y no amaron sus vidas hasta la muerte... Y el dragón se enfureció contra la mujer, y se fue a hacer la guerra contra el resto de sus descendientes, los que guardan los mandamientos de Dios y tienen el testimonio de Jesucristo. (Apocalipsis 12:1-5, 7-11, 17)

El Israel natural da a luz al Mesías: la mujer vestida de sol, con una guirnalda de doce estrellas sobre su cabeza. (Recordemos la representación de Israel en el sueño de José). Y, sin embargo, podemos incluso decir que se trata del Israel espiritual, porque son aquellos que tienen fe los que se dedicaron a la tarea de traer al Mesías, desde Jacob que hizo un pacto con Dios en la fe, hasta María y José, que actuaron con fe. Como dijo Jesús a la mujer en el pozo: «...**La salvación viene de los judíos**».

Los primeros cristianos eran judíos, quienes no consideraban que creer en Jesús fuera contrario a ser judío. Él es el Mesías que los judíos estaban esperando, por lo que seguían considerándose judíos. Como Jesús dijo a la iglesia de Filadelfia: «**Ciertamente haré que los de la sinagoga de Satanás, que se dicen ser judíos y no lo son, sino que mienten, ciertamente haré que vengan y se postren a vuestros pies, y que sepan que yo os he amado**». (Apocalipsis 3:9) En otras palabras, un verdadero judío era aquel que adoraba a Jesús, aquel que tenía fe, como Abraham, y no solo alguien que descendía físicamente de la semilla de Abraham. Por lo tanto, vemos al enemigo otra vez atacando a aquello que siguen a Jesús, o como dice en Apocalipsis, a aquellos que «**guardan los mandamientos de Dios y tienen el testimonio de Jesucristo**» (12:17).

El dragón en este capítulo representa a Satanás, que intentó matar a Jesús, pero, por supuesto, el SEÑOR venció a la muerte y al diablo, y ascendió al cielo. Después de lo cual, el enemigo vino tras el Israel natural y el Israel espiritual para destruirlos. Miguel derrota al enemigo, expulsándolo del cielo, mientras que aquellos que creen y son empoderados con la autoridad de Jesús toman su posición en la tierra. Como Jesús dijo a los 72: «**Vi a Satanás caer del cielo como un rayo. He aquí, os doy autoridad para pisotear serpientes y escorpiones,** y sobre todo el poder del enemigo, y nada os dañará por ningún medio» (Lucas 10:18-19).

Juan testifica que vencieron al enemigo «**por la sangre del Cordero y por la palabra de su testimonio**,» y por no amar sus vidas hasta la muerte (Apocalipsis 12:11). ¡Esto es el verdadero cristianismo: la victoria en Jesús!

Después de Apocalipsis 12, Juan registra una visión no en orden cronológico, sino evidentemente en el orden en que vio las visiones de las dos bestias. Quizás la parte más famosa de esta visión es la relativa al número 666.

Aquí hay sabiduría. El que tenga entendimiento, calcule el número de la bestia, pues es número de hombre: su número es 666. (Apocalipsis 13:18)

La primera bestia es aquella cuyo nombre numéricamente es 666. Juan les dice a sus lectores que calculen el número de la bestia, o como dice en el versículo 17, «el número de su nombre».

Calcular un número para un nombre se llama «gematría». Usando la gematría, las personas transformaban los nombres en números asignando valores numéricos a las letras. Por ejemplo, se han encontrado objetos en la antigua Roma con grafitis escritos en ellos. Se podría decir «Amo al 542», en lugar de «Amo a Agripina» o algo por el estilo. Mediante la gematría, una persona podía escribir en código, y quienes leían lo escrito en código debían tener cierto conocimiento sobre lo que estaba sucediendo en el mundo o en esa situación concreta para poder traducir los números a un nombre.

En el caso de Juan, estaba escribiendo el libro del Apocalipsis desde la isla de Patmos. Evidentemente, estaba preso en Patmos por el emperador romano Domiciano. Mientras Juan escribía la visión que había recibido, utilizó un código por su propio bien y por el de quienes leerían la visión, ya que Roma no vería con buenos ojos lo que percibiría como una forma de insurrección contra su dominio. Se podría comparar esto con cómo, en la actualidad, aquellos que se oponen a la agenda globalista y están despiertos a la verdad han tenido que hablar y escribir en código en diversas plataformas cada vez que mencionan las vacunas contra el COVID, las mascarillas, las elecciones robadas y muchas otras cosas que van en contra de la narrativa dominante. En nuestro caso, podemos ser censurados o incluso encarcelados. En el caso de Juan, podría significar la muerte para él o para la iglesia que recibiera la visión.

Los lectores de Juan habrían entendido lo que él estaba haciendo. Lo estaban viviendo. Por lo tanto, no sería demasiado difícil para la iglesia descifrar que Nerón César, transcrito al hebreo, es 666. (Transcribir literalmente significa tomar los caracteres de un alfabeto y representarlos en otro. Así, Juan escribió en griego, pero tomando esas letras y representándolas en hebreo, Nerón César es 666). Dar a Nerón un nombre en clave en griego habría sido demasiado fácil de descifrar para los romanos. Darlo en hebreo habría sido más seguro.

Para que Nerón encajara con el 666, debía utilizarse su título. Más concretamente, si se toma el nombre y el título de Nerón en griego, se transcribe al hebreo (ון סקר) y luego se toma el valor numérico, el total es 666. Curiosamente, se dice que tanto Domiciano como Vespasiano también equivalen a 666 cuando se utiliza su título de César. Sea cierto o no, Nerón, Domiciano y Vespasiano tenían todos espíritus del anticristo. Así que cuando las Escrituras dicen que la bestia fue herida y vivió, Nerón se suicidó y, sin embargo, el espíritu que había detrás de él siguió viviendo en los emperadores Domiciano y Vespasiano, siendo el primero el que encarceló a Juan.

Dios habla con frecuencia en visiones. Jesús es sabiduría, por lo que sabe exactamente cómo hablar y qué mostrarnos en cada situación. No es casualidad que le mostrara a Juan una bestia para representar a alguien a quien Juan debía abstenerse de nombrar. En nuestro caso, Él nos ha mostrado al estado profundo como alimañas, ha mostrado al Partido Comunista Chino como un lagarto, se ha referido al ladrón de la Casa Blanca como el «impostor», y mucho más.

Cuando Jesús profetizó que el templo sería derribado, esto sucedió después de la muerte de Nerón, durante el reinado de Vespasiano, quien envió a su hijo, Tito, a destruir Jerusalén. Tito obedeció las órdenes de Vespasiano y destruyó el templo completamente de forma que no quedó piedra sobre piedra. Esta profecía de Jesús realmente se cumplió.

Gran parte del Apocalipsis también ha ocurrido ya. De hecho, parte de él ya era historia cuando Juan lo vio, lo cual no es inusual para un profeta. Jesucristo es el mismo ayer, hoy y siempre, y puede mostrarnos el ayer, el hoy y el siempre si así lo desea. Conforme dijo Jesús en Apocalipsis 1:19: **«Escribe las cosas que has visto, las que son y las que sucederán después de estas»**. En otras palabras, Jesús va a mostrarle a Juan cosas del pasado, del presente y del futuro en esta visión. El espíritu del anticristo es una de esas cosas que ha sucedido y sigue sucediendo.

Juan es el único que escribe sobre un anticristo en las Escrituras. Él indica claramente que hay muchos anticristos porque el anticristo es un espíritu. Algunos de los que operan en el espíritu del anticristo son entonces considerados anticristos. El espíritu del anticristo ha estado induciendo a hombres y mujeres a lo largo de la historia a oponerse a Cristo, y este es el mismo espíritu detrás de la abominación desoladora de la que habló el profeta Daniel.

Daniel escribió que la abominación desoladora se levantaría en el lugar santo. Algunos han interpretado que el lugar santo es el templo de Jerusalén, pero en realidad Jerusalén misma era considerada santa. Al menos once veces en las Escrituras se llama a Jerusalén la «ciudad santa». Dos ejemplos son:

> • **Entonces el diablo lo llevó a la ciudad santa y lo puso sobre el pináculo del templo** (Mateo 4:5 ESV).

> • **Setenta semanas están decretadas sobre tu pueblo y tu ciudad santa.** (Daniel 9:24 ESV)

Por lo tanto, no era necesario que necesitara haber una abominación en el templo mismo. Una abominación que causa desolación en la ciudad también cumpliría la profecía. Para algunos, la extensión de la profecía de Daniel se cumplió cuando Antíoco IV Epífanes (que se dio a sí mismo el sobrenombre de «Epífanes», que significa «Dios se ha manifestado») conquistó Jerusalén, erigió un altar a Zeus en el templo y sacrificó un cerdo en él. Sin embargo, Jesús dijo que la profecía de Daniel no se había cumplido aún, pero que sus discípulos verían su cumplimiento. Él dijo:

«Por tanto, cuando veáis la «abominación desoladora» de la que habló el profeta Daniel, puesta en el lugar santo» (el que lea, que entienda), «entonces los que estén en Judea huyan a los montes. El que esté en la azotea no baje a tomar nada de su casa. Y el que esté en el campo no vuelva atrás a buscar su ropa». (Mateo 24:15-18)

Alrededor de 33-37 años después de que Jesús profetizara la destrucción del templo, el sitio de Jerusalén y una gran tribulación, su profecía se cumplió. Muchos de los discípulos de Jesús vieron la abominación desoladora en la ciudad santa y en el propio templo.

Los judíos no permitían que se introdujeran ídolos en la ciudad santa de Jerusalén. Sin embargo, antes de la destrucción de Jerusalén, los soldados romanos llevaron a la ciudad sus estandartes, que incluían un águila con la imagen de César debajo. César afirmaba ser divino, y los soldados romanos adoraban diariamente la imagen de César. Supuestamente, los judíos suplicaron a Pilato que sacara esa «abominación desoladora» de su Ciudad Santa y de los alrededores de su Templo Sagrado. (Carroll, B. H. An Introduction of the English Bible, págs. 263-264, 1947). Los judíos se referían al estandarte del ejército romano como una abominación desoladora.

Por supuesto, los romanos no hicieron lo que los judíos les pidieron, sino que, sin embargo, vinieron con otros ejércitos, rodearon la ciudad, derribaron la muralla, masacraron a los habitantes y quemaron el templo, sin dejar piedra sobre piedra. La abominación que causa desolación había llegado, tal y como Jesús había dicho. Y detrás de ella estaba el espíritu del anticristo.

Es interesante señalar que Roma está construida sobre siete colinas o montañas. Apocalipsis 17:9 dice: **«Aquí está la mente que tiene sabiduría: las siete cabezas son siete montañas sobre las que se sienta la mujer».** Aquí Juan se refiere a la mujer sentada sobre el sistema de la bestia, siendo Roma la bestia. La cabeza del sistema de la bestia, el emperador, estaría operando con el mismo espíritu que el sistema mismo, que es el espíritu del anticristo. Por lo tanto, cuando la abominación desoladora fue encontrada en el lugar santo, la ciudad de Jerusalén, fue inspirada por el espíritu anticristo. No hay abominación que cause desolación sin que sea inspirada por un espíritu del anticristo. Son uno y lo mismo.

Anteriormente discutimos que Nerón César es la primera bestia de Apocalipsis 13. Su nombre es 666. El dragón (Satanás) estaba detrás de las malas acciones de Nerón, y Nerón, a su vez, persiguió a los creyentes y forzó la adoración a demonios. Los romanos tenían un estandarte al que adoraban con la imagen de César (adorar la imagen de la bestia), y César era considerado el gobernante del mundo. Estas cosas del capítulo 13 del Apocalipsis han ocurrido.

El capítulo 14 nos lleva a los 144.000 mencionados en el capítulo 7 del Apocalipsis. Juan escribe:

> **Entonces miré, y vi al Cordero de pie sobre el monte Sion, y con él ciento cuarenta y cuatro mil, que tenían el nombre de su Padre escrito en la frente.** (Apocalipsis 14:1)

Los 144 000 con el Cordero representan un cubo perfecto, como la visión que Ezequiel tuvo de un templo con proporciones perfectas. El Espíritu Santo, o la presencia de Dios, mora en aquellos que han sido hechos nuevos en Cristo. Los que están en Cristo son un templo perfecto, representado por 12 000 de cada tribu de Israel: la perfección. La iglesia perfecta también se describe en Apocalipsis 21:9-27, donde las proporciones de la Nueva Jerusalén se componen de doces. La Novia de Cristo es dibujada como la nueva Ciudad Santa con Jesús como su templo.

Actualmente, esta parte de la visión se está cumpliendo. La Novia, o la Nueva Jerusalén, representada por el número perfecto de 144.000, será completada cuando toda la cosecha haya llegado. Como testifica el autor de Hebreos: **«Y todos estos, habiendo obtenido un buen testimonio por la fe, no recibieron la promesa, ya que Dios había provisto algo mejor para nosotros, para que ellos no alcanzaran la perfección sin nosotros».** (Hebreos 11:39-40)

También es interesante observar que la iglesia tiene el nombre del Padre escrito en su frente. No se trata de una escritura literal, al igual que no es necesario buscar una marca literal en aquellos que adoran a la bestia o al espíritu del anticristo. La marca de la bestia es el miedo, y la marca del Señor es el amor. El Padre siempre está mirando a nuestros corazones. Por lo tanto, la marca en la frente es indicativa de lo que alguien piensa o cree, y la marca en la mano es indicativa de lo que alguien hace. Actuaremos de acuerdo con lo que creemos en nuestros corazones. Esa es la verdadera fe, y para aquellos que están en Cristo, la marca del amor fluirá de nuestros corazones en actos de fe.

Apocalipsis 14 termina con una imagen de la ira de Dios derramada sobre los desobedientes.

> Entonces salió otro ángel del templo que está en el cielo, y también tenía una hoz afilada. Y salió otro ángel del altar, que tenía poder sobre el fuego, y gritó con voz fuerte al que tenía la hoz afilada, diciendo: «Mete tu hoz afilada y vendimia los racimos de la vid de la tierra, porque sus uvas están maduras». Entonces el ángel clavó su hoz en la tierra y vendimió la vid de la tierra, y la arrojó al gran lagar de la ira de Dios. Y el lagar fue pisado fuera de la ciudad, y salió sangre del lagar, hasta los frenos de los caballos, por mil seiscientos estadios. (Apocalipsis 14:17-20)

Justo como Jesús nos dijo en la parábola del trigo y la cizaña, los ángeles son los cosechadores al final de los tiempos. Cada juicio que Jesús trae, y traerá, traerá ira sobre aquellos que eligen adorar al diablo en lugar de adorar a Dios. No hay término medio. Como escribe Pablo: «**¿No sabéis que si os sometéis a alguien como esclavos para obedecer, sois esclavos de aquel a quien obedecéis, sea del pecado que lleva a la muerte, o de la obediencia que lleva a la justicia?**» (Romanos 6:16)

Para aquellos de nosotros que estamos en Cristo, ya no somos esclavos del pecado, de la muerte o de la marca de la bestia, que es el miedo. Somos esclavos de la justicia.

> Pero gracias a Dios que, aunque erais esclavos del pecado, obedecisteis de corazón a aquella forma de doctrina a la cual fuisteis entregados. Y habiendo sido liberados del pecado, os hicisteis esclavos de la justicia. (Romanos 6:17-18)

Hablando de la marca de la bestia, sabemos que, en última instancia, la marca de la bestia es el miedo, y aunque muchas de las profecías del Apocalipsis se han cumplido, aún pueden volver a utilizarse a discreción del Señor. Así pues, el enemigo intenta que la gente reciba su «marca» porque siempre busca adoración. La «marca» física puede cambiar con el tiempo una y otra vez, pero lo importante es que el diablo intenta que la gente lo adore en su corazón. La marca en la mano indica lo que hace la gente, y la marca en la frente indica cómo piensa la gente. En todas las cosas, debemos someternos a Jesús.

CAPÍTULO 9

LOS CUENCOS DE LA IRA

A medida que vayamos a través de las cosas en Apocalipsis que han ocurrido, debemos tener en cuenta que Juan registra visiones sucesivas, y no necesariamente acontecimientos sucesivos. En otras palabras, las visiones no siguen un orden cronológico. Hay acontecimientos que se superponen, e incluso hay acontecimientos idénticos registrados desde perspectivas diferentes.

Los cuencos (frascos) de la ira de Dios son muy similares a las trompetas y, de hecho, se superponen en cierta medida a estas. Sin embargo, a diferencia de las trompetas, la Biblia registra que las personas sobre las que se derraman los juicios de los cuencos no se arrepienten, sino que maldicen a Dios, de manera similar a las plagas de Egipto. Por lo tanto, esto es algo más que debemos tener en cuenta al repasar estos cuencos de la ira.

Los juicios de los cuencos a menudo se denominan «plagas» en inglés. Esta es la palabra «plege» (pronunciada play-gay) en griego. En inglés, «plague» significa enfermedad o aflicción, pero en griego, «plege» significa: golpe, azote, herida; calamidad pública, aflicción grave, plaga. Por ejemplo, en Lucas 10:30, Jesús describe a un hombre que cayó en manos de ladrones, **«y lo despojaron y lo golpearon** (plege), **y se**

marcharon dejándolo medio muerto». Obviamente, el hombre no recibió una plaga en el sentido en que usaríamos la palabra en inglés. En cambio, fue golpeado, o recibió golpes, heridas o aflicciones.

Los cuencos de la ira, o plagas, en Apocalipsis 16 tampoco son similares realmente a plagas, sino juicios aflictivos del Señor Jesucristo sobre aquellos que actúan malvadamente y que se adhieren al sistema mundial, que es también el sistema de la bestia. Estos cuencos de ira se derraman a lo largo del tiempo; no son instantes breves en la historia.

Primera copa (476-1453 d. C. – Declive y caída del Imperio Romano)

> **Así, el primero fue y derramó su cuenco sobre la tierra, y un tumor maligno y repugnante se apoderó de los hombres que tenían la marca de la bestia y de los que adoraban su imagen. (Apocalipsis 16:2)**

La primera copa es el período de tiempo en el que cayó el Imperio Romano. Como vimos con los sellos, Roma se vio plagada de guerras civiles, emperadores subiendo y cayendo, y guerras externas contra los Godos, los Hunos y los Turcos. Estas «oleadas» de aflicción acabaron provocando la caída del Imperio Romano. Sin embargo, la caída en sí misma se produjo en el segundo cuenco de la ira.

Segundo y tercer cuencos (1543-1923 d. C. Ascenso y declive del Imperio Otomano)

> **Entonces el segundo ángel derramó su cuenco sobre el mar, y se convirtió en sangre, como la de un hombre muerto; y todo ser viviente que había en el mar murió. Luego el tercer**

ángel derramó su cuenco sobre los ríos y las fuentes de agua, y se convirtieron en sangre. Y oí al ángel de las aguas decir: «Justo eres, oh Señor, el que eres y que eras y que has de venir, porque has juzgado estas cosas. Porque ellos derramaron la sangre de los santos y de los profetas, y tú les has dado a beber sangre. Porque es justo lo que merecen». (Apocalipsis 16:4-6)

El segundo y el tercer cuenco de la ira están relacionados entre sí. El segundo cuenco representa la muerte a gran escala en una gran zona: el mar. Esto ocurrió cuando el Imperio Otomano tomó el poder. Llegaron primero por mar y derrocaron lo que quedaba del Imperio Romano y del gobierno que se adhería al catolicismo romano. El segundo cuenco de la ira fue la caída definitiva del Imperio Romano mediante la conquista de Constantinopla en 1543. El Imperio Otomano se expandió y conquistó más territorio del que los romanos habían conquistado jamás.

El tercer cuenco representa el mismo tipo de juicio extendiéndose aún más: los ríos y los manantiales. El tercer cuenco -la ira sobre los ríos y los manantiales- fue la continua expansión del Imperio Otomano, que se hizo más grande de lo que jamás lo había sido el Imperio Romano. Imaginemos esta expansión como un avance por los ríos y hacia los manantiales de agua a medida que navegaban río arriba, conquistando y dejando un rastro de sangre a su paso. La muerte se extendió desde el mar hasta los ríos y manantiales de agua a través del Imperio Otomano.

Estos cuencos se derraman contra la Iglesia Católica Romana, que ha establecido a un hombre que afirma ser nuestro «Padre» en la tierra, afirma ser Cristo en la tierra y afirma ser «la fuente y garante de la unidad de la Iglesia». (Véase El Papa: Cristo en la tierra - UA&P Universitas (uap.asia)) En otras palabras, el Papa está ocupando el lugar del Padre, del Hijo y de la obra del Espíritu Santo en la tierra. Suena como un espíritu anticristiano, y lo es.

Hemos hablado de cómo los jesuitas ganaron poder en la Iglesia católica romana a partir de 1540. Utilizan su influencia para respaldar al papa en su intento de apoderarse de todas las naciones del mundo y someterlas a su orden mundial único. A través de su influencia, en colaboración con los líderes de la Iglesia católica romana, se han producido innumerables muertes y destrucción a lo largo de los siglos.

Dado que el espíritu que hay detrás del catolicismo es un espíritu anticristiano, el juicio del Señor está en su contra. Debemos tener en cuenta que se trata de un juicio contra el gobierno de la Iglesia Católica Romana, no contra sus seguidores. La mayoría de la gente no tiene ni idea de lo que está pasando.

Aquí hay algunos ejemplos para que te hagas una idea de por qué el juicio recaería sobre el gobierno de la Iglesia Católica Romana y, con ello, sobre la Orden de los Jesuitas:

1209: durante las cruzadas albigenses en el sur de Francia, los cruzados católicos romanos masacraron a aproximadamente a 20.000 ciudadanos de Béziers, Francia, el 22 de julio de 1209. Cuando los ejércitos católicos romanos terminaron su cruzada, casi toda la población del sur de Francia (en su mayoría cristianos albigenses) había sido exterminada (referencia: Masacre de Béziers -Wikipedia y www.executed today.com/2009/07/22/1209-albigensian- crusade-cathars-beziers).

1481: Bajo la dirección de los inquisidores católicos romanos, las autoridades torturaron, quemaron y masacraron a decenas, incluso cientos de miles de personas durante la Inquisición española (Jean Antoine Llorentine, Historia de la Inquisición; citado en R. W. Thompson, El papado y el poder civil {Nueva York, 1876}; citado en Dave Hunt, Una Mujer Monta a la Bestia).

1618-1648: Guerra de los Treinta Años. Esta sangrienta guerra religiosa fue planeada, instigada y orquestada por la orden jesuita católica romana y sus agentes en un intento de exterminar a todos los protestantes de Europa. Muchos países de Europa central perdieron hasta la mitad de su población (véase Cushing B. Hassell, Historia de la Iglesia de Dios, capítulo XVII).

1641-1649: Ocho años de asesinatos de protestantes irlandeses instigados por los Jesuitas Católicos Romanos se cobran la vida de cientos de miles de protestantes (véase Cushing B. Hassell, History of the Church of God, capítulo XVII).

En 1572, la Iglesia Católica ostentaba el poder en muchos países europeos, especialmente en Francia. Ese fue el año de la masacre del día de San Bartolomé, en la que los católicos asesinaron a unas 10.000 personas (hombres, mujeres y niños) en pocos días y continuaron la masacre durante un periodo de tres meses, hasta que, según se informa, murieron unas 30.000 personas. (Véase www.thoughtco.com/saint-barthomomews-day-massacre-4173411 para más información). Aquellos que no se sometieron al catolicismo fueron asesinados.

Obviamente, Nerón César ya no estaba vivo, pero el sistema de la bestia seguía activo a través del dominio católico/jesuita. Debido a esta maldad, el segundo y tercer cuenco de la ira se derramaron sobre el Imperio Romano-Germánico y la Iglesia Católica.

Los cuencos dos y tres fueron contra el anticristo, el sistema de la bestia que se encuentra en la Iglesia Católica Romana/Jesuita. Dondequiera que se extendía el Imperio Otomano, la Iglesia Católica Romana era expulsada.

Cuarto Cuenco (Guerras Napoleónicas, 1799-1815 d. C.)

> **Luego el cuarto ángel derramó su cuenco sobre el sol, y se le dio poder para abrasar a los hombres con fuego. Y los hombres fueron abrasados con gran calor, y blasfemaron del nombre de Dios, quien tiene poder sobre estas plagas; pero no se arrepintieron ni le dieron la gloria a Él. (Apocalipsis 16:8-9)**

El Sacro Imperio Romano-Germánico es diferente del Imperio Romano. Es el imperio que estaba abiertamente gobernado por la Iglesia Católica Romana y, en el fondo, por los jesuitas. Está registrado que Carlomagno o «Carlos el Grande» lo estableció en el año 800 d. C. A diferencia de otros imperios, el Sacro Imperio Romano Germánico era más bien una colección de naciones gobernadas por la Iglesia Católica Romana, la cual tenía autoridad para nombrar al emperador. Entra en escena Napoleón Bonaparte.

El cuarto cuenco de la ira representa las guerras napoleónicas, con Napoleón representando al sol. Sólo le llevó a Napoleón unos ocho años arrasar todos los reinos de Europa y en quitarle el poder a la Iglesia Católica Romana. Lo hizo conquistando los estados papales (áreas gobernadas abiertamente por la Iglesia Católica Romana) y haciéndose más poderoso que el papa. Primero destituyó al papa Pío VI, encarcelándolo. Durante su encarcelamiento, el papa murió. Luego, cuando los obispos católicos romanos eligieron un nuevo papa (el papa Pío VII), Napoleón invitó al nuevo papa a su ceremonia de coronación en 1804. Pero en lugar de permitir que el papa le colocara la corona imperial en la cabeza (lo que significaría que el papa tenía más autoridad que el emperador), Napoleón tomó la corona y se la colocó en su propia cabeza, indicando su autoridad sobre el papa.

Sin embargo, como dice la Escritura: **«No se arrepintieron y no le dieron gloria a Él»** (Apocalipsis 16:9).

Quinto cuenco: el Gobierno de la Iglesia Católica sumido en la oscuridad (1815-1929 d. C.)

> **Luego el quinto ángel derramó su cuenco sobre el trono de la bestia, y su reino se llenó de oscuridad; y se mordían la lengua por el dolor. Blasfemaban contra el Dios del cielo por sus dolores y sus llagas, y no se arrepentían de sus obras.** (Apocalipsis 16:10-11)

Tras la caída del Sacro Imperio Romano Germánico, el reino de la Bestia se sumió en la oscuridad. Como aprendimos en el cuarto cuenco, la coronación de Napoleón como emperador fue la gota que colmó el vaso en la caída del Sacro Imperio Romano Germánico.

El quinto cuenco de la ira se derramó sobre el «trono de la bestia» cuando la Iglesia Católica Romana perdió el poder y, finalmente, perdió todos sus estados papales cuando los últimos fueron anexionados a Italia en 1870. Desde ese momento hasta 1929, los papas realmente no tuvieron tierras propias.

Pero, una vez más, **«no se arrepintieron de sus obras»** (Apocalipsis 16:11).

Sexto Cuenco (1700-1922 d. C. - Lenta caída del Imperio Otomano)

Entonces el sexto ángel derramó su copa sobre el gran río Éufrates, y sus aguas se secaron, para que fuera preparado el camino de los reyes del oriente. Y vi tres espíritus inmundos, semejantes a ranas, que salían de la boca del dragón, de la boca de la bestia y de la boca del falso profeta. Porque son espíritus de demonios que hacen señales y van a los reyes de la tierra y de todo el mundo, para reunirlos para la batalla de aquel gran día del Dios Todopoderoso. «He aquí, yo vengo como ladrón. Bienaventurado el que vela y guarda sus vestiduras, para que no ande desnudo y vean su vergüenza». Y los reunieron en el lugar que en Hebreo se llama Armagedón. (Apocalipsis 16:12-16)

El sexto cuenco de la ira fue un juicio que secó el Imperio Otomano (el pueblo {río} del Éufrates que había sido liberado durante la sexta trompeta y fue utilizado durante el segundo y tercer cuencos de la ira). El Imperio Bizantino (Imperio Romano de Oriente) cayó ante los turcos en 1453. En su apogeo, en el siglo XVI, el Imperio Otomano incluía Asia Menor; gran parte del sureste de Europa, incluyendo Hungría, la región de los Balcanes, Grecia y partes de Ucrania; Oriente Medio, incluyendo Irak, Siria, Israel y Egipto; el Norte de África; y partes de la Península Arábiga.

Durante los siglos XVIII y XIX, el Imperio Otomano perdió el control de Oriente Medio, incluyendo la pérdida de Palestina a manos del general Allenby de Gran Bretaña en 1917 d. C. El Imperio Otomano duró 600 años, pero finalmente terminó tras una lenta desaparición en 1922. Lo que queda ahora es la nación moderna de Turquía.

La caída del Imperio Otomano con el tiempo ha permitido que el comunismo, el socialismo y el satanismo unan sus fuerzas en un intento de conquistar el mundo. Y como han declarado los profetas, este es el momento del Gran Reinicio de Dios, en el que Él está haciendo algo nuevo en la tierra. Está trayendo justicia y estableciendo la rectitud. Está eliminando la cizaña y derramando Su Espíritu. El comunismo, el socialismo y el satanismo no prevalecerán. ¡Alabado sea Dios!

Séptimo Cuenco (Juicio Actual sobre el Sistema de la Bestia de Babilonia)

> **Luego el séptimo ángel derramó su cuenco en el aire, y salió una gran voz del templo del cielo, desde el trono, diciendo: «¡Hecho está!» Y hubo ruidos, truenos y relámpagos; y hubo un gran terremoto, tan poderoso y grande como nunca había habido desde que los hombres están sobre la tierra. Ahora la gran ciudad fue dividida en tres partes, y las ciudades de las naciones cayeron. Y la gran Babilonia fue recordada delante de Dios, para darle el vaso del vino del furor de su ira. Entonces huyeron todas las islas, y las montañas no fueron halladas. Y cayó del cielo sobre los hombres un gran granizo, cada piedra del cual pesaba como un talento. Los hombres blasfemaron contra Dios por la plaga del granizo, ya que esa plaga fue sumamente grande.** (Apocalipsis 16:17-21)

En el séptimo cuenco de la ira, un terremoto divide la gran ciudad en tres partes. Aquí es donde estamos. El Señor nos dijo que imagináramos que las siete montañas de influencia en el mundo se convirtieran en tres. Un terremoto que divide la gran ciudad (Babilonia) en tres partes es de lo que el Señor está hablando aquí. Lo siguiente es una palabra profética sobre este mismo tema.

El Señor dice: «Estoy haciendo algo diferente en la tierra, como he dicho antes. No miréis a la historia para encontrar los viejos patrones y formas. ¡Estoy haciendo algo diferente! No habéis pasado por esto antes, y este cambio es un cambio global. Afectará a todo el planeta de formas nunca antes vistas. YO SOY ha dado pistas a los profetas sobre los cambios que tendrán lugar, pero estas pistas son solo pistas y generalidades. El alcance y el aspecto que tendrán todos los países y naciones en el futuro aún no ha sido imaginado por el hombre. ¡Los cambios son de una magnitud que impresionaría a Noé!

Imagina que las 7 montañas de influencia se reducen a 3. ¿Cuáles podrían ser esas 3 montañas restantes? ¿Qué podría quitarles la influencia a estas montañas? Profeta, dile a la gente que esté lista para cambiar su forma de pensar de maneras que traigan una nueva libertad nunca antes vista.

¡Imagina la libertad de ser justo y actuar con justicia hacia todos, y esperar lo mismo de los demás! Esto es normal, dice YO SOY, y será el NUEVO normal. No esperes que el antiguo sistema se renueve. El antiguo sistema va de cabeza al basurero. ¡Está terminado y finiquitado!

Piensa en la religión tirada al basurero también. Todas sus costumbres, reglas e ideas, ¡todas tiradas! Esa iglesia con todas sus ideas terrenales, sus reglas para la santidad, los lugares donde los hombres afirmaban representarme pero nunca lo hicieron... Yo los estoy vomitando de mi boca. El hedor en mis fosas nasales era horrible, ¡pero el sabor es peor!

¡Estoy tratando de que soñéis conmigo! ¡Deshaceos del lamento y de la creencia de que vuestros hermanos y hermanas son básicamente malos! ¿Los que están llenos de mi Espíritu son malos? ¡El escepticismo y la desconfianza NO son virtudes! La fe y la confianza provienen de Mí. ¡No creáis al maligno nunca más! ¡Venid, soñad conmigo! ¡Yo soy bueno! Yo soy el camino, y Yo soy la verdad, y Yo soy la vida. ¡Venid! (Atrévete a soñar con Dios, 24 de marzo de 2023).

Cuando soñé con esto, vi tres montañas. Eran: Familia, Gobierno y Comercio (Negocios). El entretenimiento, los medios de comunicación, la religión y la educación ya no gobernaban. En su lugar, vi al Espíritu Santo gobernando desde las tres montañas de la Familia, el Gobierno y el Comercio (negocios, trabajo, etc.).

Vi a Jesús gobernando cada montaña de arriba abajo y de abajo arriba. ¿Quién toma las decisiones sobre la educación? La familia (los padres) a través del Espíritu Santo. ¿Quién gobierna? El pueblo bajo la dirección del Espíritu Santo. Por último, el trabajo volverá a ser honorable. La gente disfrutará de su trabajo y lo hará bien, en lugar de despreciarlo y tratar de escapar de él. Se sentirán «orgullosos» de él. («*La tarjeta de presentación de mi pueblo será su devoción a Mí, su ética de trabajo y su generosidad [amor]*», dijo el Señor en una profecía anterior).

Va a ser increíble, pero ahora mismo estamos viviendo una época de grandes convulsiones. Todos los que se adhieran al sistema de la Bestia o a Babilonia serán juzgados. Nadie escapará a este juicio. Estos comunistas, socialistas y satanistas se han infiltrado en toda la sociedad con su control y su agenda luciferina. Han matado a todos los que se han interpuesto en su camino. Pero ese sistema mundial, ese régimen Luciferino, ha sido juzgado. Esto incluye al Estado profundo; a las élites globalistas, como las que dirigen el Foro Económico Mundial (WEF); incluye a los Jesuitas y todas sus organizaciones fachada; incluye a la Iglesia Católica Romana (aunque ciertamente no a todas la gente en la iglesia); e incluye a las aproximadamente 13 familias que mueven los hilos detrás de todo esto. Incluye el hedor del comunismo y el socialismo. E incluye el juicio contra el mismo Satanás y su reino de muerte y destrucción.

Hemos mencionado que las personas atrapadas en el Catolicismo Romano no son necesariamente las que están bajo el séptimo cuenco de la ira, aunque sí lo están aquellos que están detrás del Catolicismo Romano. Si Ud. necesita convencerse de algunos de los males que aún perpetra esta iglesia, aquí tiene algunos ejemplos modernos:

1941-1945: Los Católicos Romanos Ustashi en Yugoslavia masacraron a cientos de miles de ciudadanos yugoslavos, serbios, judíos y romaníes. Y cientos de miles fueron obligados a convertirse al catolicismo. (El papel de la Iglesia católica en el holocausto de Yugoslavia (fantompowa.net), Es hora de afrontar el holocausto oculto de Croacia - The Jerusalem Post (jpost.com))

1949-1953: con el apoyo del Gobierno colombiano, la Iglesia Católica Romana mandó fusilar, ahogar y castrar a 60.000

protestantes y no católicos. El papa Pío XII concedió al presidente colombiano una de las más altas distinciones que puede otorgar la Iglesia.

También puede hacer una búsqueda rápida sobre la historia de los abusos sexuales en la Iglesia católica romana. Aquí tiene un enlace: Historia de los abusos sexuales por parte de sacerdotes en la Iglesia católica | khou.com.

Recuerde que la bestia del mar con el número 666 era Nerón César. La bestia de la tierra es el papa. Esto significa que, con el tiempo, los emperadores de Roma colaboraron con los papas. Los papas coronaban a los emperadores y, básicamente, compartían el poder hasta que el imperio fue destruido, aunque los papas aún siguieron ostentando el poder en el mundo.

Seremos testigos de la caída de la Iglesia Católica Romana en el 7º cuenco de la ira. El emperador Nerón actuó con un espíritu anticristiano, al igual que cada papa. Se supone que el papa es Jesús en la tierra. Eso es blasfemia. Es justo lo que Jesús profetizó: «**Porque vendrán muchos en mi nombre, diciendo: «Yo soy el Cristo», y engañarán a muchos**» (Mateo 24:5). Esto es lo que hace cada papa. Vienen en nombre de Cristo, declaran ser Cristo en la tierra y engañan a muchos. Los Jesuitas también vienen en nombre de Cristo, respaldando al papa, y engañan a muchos mientras intentan apoderarse del mundo. Jesús no tolerará esto.

El Salmo 2:9 profetiza sobre Jesús: «**Los quebrantarás con vara de hierro; los desmenuzarás como vasija de alfarero**». Y Jesús dice que esta vara de hierro estará en manos de Su iglesia vencedora a través de Sus Apóstoles, quienes empuñan el cetro de hierro. «**Y al que venciere y**

guardare mis obras hasta el fin, yo le daré potestad sobre las naciones, y las regirá con vara de hierro, y serán quebrantadas como el vaso de alfarero...» . (Apocalipsis 2:26-27)

Y así, después de este tiempo de justicia, surgirá la verdadera iglesia, llena del Espíritu Santo, con vidas entregadas a Jesús, y establecerá a Jesús como Señor en todos los montes de la tierra. Y esos siete montes se reducirán a tres. ¡Y la tierra se llenará del conocimiento de la gloria del Señor! (Habacuc 2:14)

Capítulo 10

El Fin del Sistema Babilónico Mundial

———————— ◆ ◀◀ ◆ ▶▶ ◆ ————————

Babilonia, también llamada la gran ciudad, es el sistema mundial. Detrás de este sistema está el diablo y aquellos que lo siguen: la Cábala, el Estado profundo, los Jesuitas, los Luciferinos, aquellos que imponen el comunismo y el socialismo. Todos ellos son lo mismo. Adoran al diablo y se han infiltrado en las siete montañas de influencia en todas las naciones del mundo. Estamos viviendo en los tiempos del fin, cuando el Señor ha profetizado a través de Sus profetas que está llevando a cabo un Gran Reinicio en el que está destruyendo el sistema mundial. Su juicio está llegando sobre aquellos que hacen el mal.

En Apocalipsis 14, vimos que la gran cosecha comienza incluso mientras el sistema mundial está siendo juzgado. La maduración de la cizaña está ocurriendo junto con la maduración del trigo, a medida que la diferencia entre los que están en Cristo y los que son del mundo se hace cada vez más marcada. Esto es lo que Jesús enseñó en la parábola del trigo y la cizaña. Estamos viviendo ese momento justo ahora. Los que son del mundo llorarán la destrucción del sistema mundial. ¡Los que estamos en Cristo nos regocijaremos por ello!

El enemigo y los que están alineados con él tienen una agenda malvada de robar, matar y destruir. Esta agenda comprende el sistema de la bestia sobre el que monta la mujer en Apocalipsis 17.

Y vi a una mujer sentada sobre una bestia escarlata llena de nombres blasfemos, que tenía siete cabezas y diez cuernos. La mujer estaba vestida de púrpura y escarlata, y adornada con oro, piedras preciosas y perlas, teniendo en la mano una copa dorada llena de abominaciones y de la inmundicia de sus fornicaciones. Y en su frente estaba escrito un nombre: MISTERIO, BABILONIA LA GRANDE, LA MADRE DE LAS RAMERAS Y DE LAS ABOMINACIONES DE LA TIERRA. Vi a la mujer, embriagada de la sangre de los santos y de la sangre de los mártires de Jesús. Y cuando la vi, me maravillé con gran asombro. (Apocalipsis 17:3b-6)

La mujer se llama «Babilonia» en Apocalipsis 18.

Después de estas cosas vi a otro ángel que descendía del cielo, teniendo gran autoridad, y la tierra fue iluminada con su gloria. Y clamó con gran voz, diciendo: «¡Babilonia la grande ha caído, y se ha convertido en morada de demonios, prisión de todo espíritu maligno y jaula de toda ave inmunda y odiosa! Porque todas las naciones han bebido del vino de la ira de su fornicación, los reyes de la tierra han fornicado con ella, y los mercaderes de la tierra se han enriquecido con la abundancia de su opulencia». (Apocalipsis 18:1-3)

Babilonia -el sistema mundial o el sistema de la bestia- ha surgido y caído a lo largo de la historia. Una vez más, nos encontramos en ese punto en el que el enemigo, a través de este sistema, y los Luciferinos que se han vendido al diablo, se han preparado para apoderarse del mundo. Habrá gente que llorará como lo hacen los mercaderes y comerciantes en Apocalipsis 18, pero los santos se regocijarán, ¡porque heredarán la tierra!

El Señor ha profetizado que está llevando a cabo un Gran Reinicio, y que el mal nunca volverá a alcanzar este nivel. Ha profetizado una involución de la tecnología, en la que, en lugar de que la inteligencia artificial tome el control, como planeaba el diablo en su gran reinicio, el Señor va a hacer retroceder la tecnología. La industria médica será una sombra de lo que fue. Nuestra agua y nuestros alimentos ya no estarán envenenados, y las siete montañas de influencia se reducirán de nuevo a tres.

El Señor ha profetizado ampliamente sobre Su Trompeta y cómo guiará a las naciones del mundo para impartir justicia, supervisar el nuevo sistema económico y llevar a las naciones a una era de libertad, prosperidad y bondad.

Lo que estamos viviendo y presenciaremos es mucho más grande que la caída del Imperio Romano o del Imperio Otomano, o cualquier otro imperio histórico. Esta es verdaderamente la caída del sistema de la bestia a un nivel nunca antes visto.

En Mateo 13:24-30, 36-43, Jesús cuenta la parábola del trigo y la cizaña. Dice que el trigo y la cizaña crecen juntos, pero al final de los tiempos, los ángeles vienen y sacan la cizaña y la queman. La siguiente palabra profética fue dada el 15 de abril de 2022 con respecto a la parábola del trigo y la cizaña.

Así es como se verá el fin de la era porque Dios ha hablado esta parábola y también su interpretación. Prestad atención a esto, pues. Según Jesús, así <u>será</u> el fin de la era. Esta parábola y su interpretación forman una base de referencia para saber cómo será el fin de los tiempos.

Tenga en cuenta que Jesús dice específicamente que el trigo no debe ser recogido antes que la cizaña, y <u>dice</u> específicamente que la cizaña debe ser recogida por los ángeles al final de los tiempos, y <u>luego</u> el trigo. Otras Escrituras relativas al «fin de la era» o la segunda venida de Jesús <u>estarán</u> de acuerdo con esto. Si se interpreta de otra manera, o se forma una doctrina en oposición a lo que Jesús enseñó <u>claramente</u>, es errónea.

Sabiendo que los ángeles recogerán la cizaña al final de la era, deberíamos ser capaces de ver los juicios en el Apocalipsis de Jesucristo como una separación del trigo y la cizaña. Los juicios derramados en el Apocalipsis no son aterradores para aquellos de nosotros que estamos en Cristo. Sabemos a quién pertenecemos. Sabemos que nos refugiamos en el Altísimo. Sabemos que la ira de Dios no recae sobre aquellos de nosotros que estamos en Cristo. Por lo tanto, los juicios de Dios son contra los malvados. Los juicios de Dios son contra aquellos que se **«embriagan con la sangre de los santos y con la sangre de los mártires de Jesús»** (Apocalipsis 17:6).

Hay una clara separación en todas las visiones de Juan entre los justos y los malvados. Los ángeles separan claramente la cizaña del trigo y arrojan la cizaña al fuego para que sea quemada. Como proclamó un ángel: **«Por eso, en un solo día vendrán sus plagas sobre ella: muerte,**

llanto y hambre. Y ella será quemada con fuego, porque poderoso es el Señor Dios que la juzga» (Apocalipsis 18:8).

Una separación ha estado ocurriendo desde la visión de Juan, pero se vuelve cada vez más concisa a medida que se acerca el fin de los tiempos. Ahora estamos en el momento en que el Señor ha dicho:

«Estoy haciendo algo diferente en la tierra, como he dicho antes. No miren la historia para encontrar los viejos patrones y costumbres. ¡Estoy haciendo algo diferente! No habéis recorrido este camino antes, y este cambio es un cambio global. Afectará a todo el planeta de maneras nunca antes vistas. YO SOY ha dado pistas a los Profetas sobre los cambios que tendrán lugar, pero estas pistas son solo pistas y generalidades. El alcance y el aspecto que tendrán todos los países y naciones en el futuro aún no ha sido imaginado por el hombre. ¡Los cambios son de una magnitud que impresionaría a Noé! (Atrévete a soñar con Dios Profecía - 24 de marzo de 2023)

Los ángeles están juntando la cizaña. Jesús tendrá a Su novia pura en todos los aspectos, y el Señor tendrá su Gran Reinicio.

Apocalipsis 14, 17 y 18 describen la caída de Babilonia, el sistema mundial de la bestia, y luego, en Apocalipsis 19, el Cielo se regocija. Aun cuando el sistema mundial cae, la novia de Cristo es purificada y preparada para su Novio.

Después de estas cosas, oí una gran voz de una multitud en el cielo que decía: «¡Aleluya! ¡La salvación, la gloria, el honor y el poder pertenecen al Señor nuestro Dios! Porque sus juicios son verdaderos y justos, ya que Él ha juzgado a la gran ramera que corrompió la tierra con sus fornicaciones, y ha vengado sobre ella la sangre de Sus siervos derramada por

ella». Y volvieron a decir: «¡Aleluya! ¡Su humo sube por los siglos de los siglos!». Y los veinticuatro ancianos y los cuatro seres vivientes se postraron y adoraron a Dios, que estaba sentado en el trono, diciendo: «¡Amén! ¡Aleluya!» (Apocalipsis 19:1-4).

Luego Juan describe una visión de Jesús como el Conquistador, el juicio sobre los malvados, y la bestia y el falso profeta arrojados al lago de fuego. Los demás son muertos con la espada que sale de la boca del Señor.

Ahora, vi el cielo abierto, y mirad, un caballo blanco. Y el que lo montaba se llamaba Fiel y Verdadero, y con justicia Él juzga y hace la guerra. Sus ojos eran como llama de fuego, y sobre Su cabeza había muchas coronas. Tenía un nombre escrito que nadie conocía sino Él mismo. Estaba vestido con una ropa teñida en sangre, y su nombre es: La Palabra de Dios. Y los ejércitos del cielo, vestidos de lino fino, blanco y limpio, le seguían a Él en caballos blancos. Ahora, de su boca sale una espada afilada, para golpear con ella a las naciones. Y Él mismo las regirá con vara de hierro. Y Él mismo pisa el lagar del vino del furor y de la ira del Dios Todopoderoso. Y tiene escrito en su manto y en su muslo un nombre: REY DE REYES Y SEÑOR DE SEÑORES... Y vi a la bestia, a los reyes de la tierra y a sus ejércitos, reunidos para hacer guerra contra el que montaba el caballo y contra Su ejército. Entonces la bestia fue capturada, y con ella el falso profeta que hacía señales en su presencia, con las cuales engañaba a los que habían recibido la marca de la bestia y a los que adoraban su imagen. Estos dos fueron arrojados vivos al lago

de fuego que arde con azufre. Y los demás fueron muertos con la espada que salía de la boca de Aquel que estaba sentado sobre el caballo. Y todas las aves se saciaron de sus carnes. (Apocalipsis 19:11-16, 19-21)

Esto es una imagen. No hay un ejército literal en la tierra que vaya a luchar contra el Señor y su ejército del cielo. Ni siquiera habrá una batalla. Uno de los ángeles de Dios podría acabar con todo un ejército. Tampoco hay una espada física que sale de la boca de Jesús. Jesús es la palabra de Dios y Él divide el alma y el espíritu, las articulaciones y la médula. Él juzga los pensamientos y las intenciones del corazón. Lo que Juan está viendo es una representación de ese juicio. La Palabra de Dios nos juzga.

El Cordero que fue inmolado desde la fundación del mundo ha sido hallado digno de juzgar -de abrir el rollo y sus sellos- tal y como leemos en Apocalipsis 5. Este rollo es un juicio de victoria. Nadie fue hallado digno de abrir este juicio de victoria hasta que Jesús se ofreció a sí mismo en representación de la humanidad. Como tal, Él es el único digno de juzgar. Es Él quien determina quién gobierna con vara de hierro, quién es condenado al lago de fuego y quién es digno de asistir a la cena de las bodas. Él es Rey de reyes y Señor de señores. El libro del Apocalipsis es la revelación de Jesucristo. Todo trata sobre Él, Su dignidad, Su justicia, Su poder, Su autoridad y Su amor.

La narrativa del Señor sobre esto se encuentra profetizada en Habacuc 2:12-14

¡Ay del que edifica una ciudad con sangre,
y establece una ciudad con iniquidad!
Mirad ¿Acaso no es del Señor de los ejércitos

que los pueblos se afanan para alimentar el fuego,
y las naciones se fatigan en vano?
Porque la tierra se llenará
del conocimiento de la gloria del Señor,
como las aguas cubren el mar.

¡El conocimiento de la gloria del Señor llenará la tierra! Jesús es la gloria de Dios. ¡Aleluya, Jesús!

Capítulo 11

Los Dos Testigos

Los dos testigos que Juan vio en Apocalipsis 11 ayudan a derramar el conocimiento de la gloria del Señor, de la que profetizó Habacuc. Estos dos testigos son los mismos ungidos sobre los que profetizó Zacarías:

> Dije: «Estoy mirando, y hay un candelabro de oro macizo con un cuenco en la parte superior, y en el candelabro siete lámparas con siete tubos para las siete lámparas. Hay dos olivos junto a él, uno a la derecha del cuenco y otro a la izquierda». Entonces respondí y le dije: «¿Qué son estos dos olivos, a la derecha del candelabro y a la izquierda?». Y respondí de nuevo y le dije: «¿Qué son estas dos ramas de olivo que gotean en los receptáculos de los dos tubos de oro por donde se escurre el aceite dorado?». Entonces él dijo: «Estos son los dos ungidos, que están junto al Señor de toda la tierra». (Zacarías 4:2b-3, 11-12, 14)

Muchos años después de que Zacarías tuviera su visión, el apóstol Juan también tuvo una visión de los mismos ungidos. El Señor le dijo a Juan:

> «Y daré poder a Mis dos testigos, y profetizarán mil doscientos sesenta días, vestidos de cilicio». Estos son los dos

olivos y los dos candelabros que están delante del Dios de la tierra. Y si alguno quiere hacerles daño, sale fuego de sus bocas y devora a sus enemigos. Y si alguno quiere hacerles daño, debe ser muerto de esta manera. Estos tienen poder para cerrar el cielo, para que no llueva en los días de su profecía; y tienen poder sobre las aguas para convertirlas en sangre, y para herir la tierra con todas las plagas, cuantas veces quieran. Cuando terminen su testimonio, la bestia que sube del abismo sin fondo hará guerra contra ellos, los vencerá y los matará. Y sus cadáveres yacerán en la calle de la gran ciudad que espiritualmente se llama Sodoma y Egipto, donde también nuestro Señor fue crucificado. Entonces los de los pueblos, tribus, lenguas y naciones verán sus cadáveres durante tres días y medio, y no permitirán que sus cadáveres sean puestos en sepulcros. Y los que moran en la tierra se regocijarán sobre ellos, se alegrarán y se enviarán regalos unos a otros, porque estos dos profetas atormentaron a los que moran en la tierra. Ahora bien, después de los tres días y medio, el aliento de vida de Dios entró en ellos, y se pusieron en pie, y un gran temor cayó sobre aquellos que los vieron. Y ellos oyeron una gran voz del cielo que les decía: «Subid aquí». ... Entonces el séptimo ángel tocó la trompeta, y se oyeron voces fuertes en el cielo, que decían: «Los reinos de este mundo se han convertido en los reinos de nuestro Señor y de su Cristo, y él reinará por los siglos de los siglos». (Apocalipsis 11:3-12a, 15)

Estos dos ungidos son los apóstoles y profetas que se someten a Jesús y aprenden de Él. Juan vio a los profetas y apóstoles desde el principio de los tiempos hasta la muerte de los apóstoles de la primera generación. Esto incluiría a Enoc, Abraham, David, Moisés, Isaías, Ezequiel, Elías, Juan el Bautista y todos los demás profetas, así como a los apóstoles del Nuevo Pacto. Estos apóstoles y profetas trajeron el testimonio de Jesucristo. Derramaron el aceite dorado, que es la palabra pura del Señor, o el testimonio de Jesús a través de Su Espíritu. Vinieron con señales y prodigios. El fuego descendió del cielo sobre aquellos que querían hacer daño a Elías. Moisés convirtió el agua en sangre y provocó plagas. Elías pidió que no lloviera, y no llovió hasta que volvió a orar para que lloviera. Ananías y Safira cayeron muertos ante una palabra del apóstol Pedro, y mucho más.

Después de la iglesia de primera generación con sus apóstoles y profetas, se ha escuchado muy poco sobre los apóstoles y profetas hasta recientemente. La bestia, que al principio fue Nerón y luego el mismo espíritu del anticristo en otros emperadores romanos, trató de destruir a los testigos del Señor. Más tarde, la Iglesia Católica Romana tomó el control del «cristianismo» y se deshizo de aquellos que ellos no querían, que serían los ministros elegidos por el Señor Jesús. Incluso después de la Reforma, la Iglesia institucional no permitió que los apóstoles y profetas ejercieran su ministerio. Los apóstoles y profetas elegidos por Cristo vagaban por la tierra desconocidos y perseguidos; para todo el mundo, estaban muertos. La bestia los había vencido y, desde entonces, yacían muertos para que los del sistema mundial se regodearan.

Sin embargo, desde la llegada de la Trompeta del Señor y el comienzo de la Justicia del Señor y Su Gran Reinicio, los profetas se han levantado en todo el mundo. El Señor ha resucitado a Sus profetas, insuflándoles vida. Se les ha dado voz y una plataforma. Siguen siendo perseguidos, pero se les escucha y el miedo se apodera de los malvados que les oyen. ¿Por qué crees que expulsan a los profetas y apóstoles de las redes sociales y tratan de silenciarlos? ¿Por qué los profetas y apóstoles son atacados constantemente? Sus enemigos tienen miedo. Aquellos que ven la resurrección de los testigos están aterrorizados.

Después de este tiempo de los profetas, vendrá otra vez el tiempo de los apóstoles. De hecho, está sobre nosotros incluso mientras escribimos este libro. El Señor está insuflando vida a Sus dos testigos y haciendo que se pongan en pie. Los apóstoles y profetas están llamados a ascender espiritualmente a su lugar en el cielo, donde están junto al Señor de toda la tierra, llevando a la iglesia lo que ven y oyen. ¡Dan testimonio del Señor Jesucristo! A través de su quebrantamiento y sufrimiento, son considerados dignos de derramar el aceite dorado del testimonio de Jesús.

Juan oyó: «Sube aquí», y subió en el Espíritu. Kirk oye con frecuencia: «Sube aquí», y trae consigo lo que ha visto y oído. Otros profetas y apóstoles hacen lo mismo. Aquellos que se someten a ser enseñados por el Señor son aquellos a quienes Él da de Sí mismo. Cuando Jesús llamó a los primeros doce para que fueran apóstoles, los llamó para que estuvieran «con Él». Él dio de sí mismo a ellos. Hoy en día ocurre lo mismo. Él llama a Sus testigos para que estén con Él. Estos son los apóstoles y profetas que darán testimonio de Jesús.

En una visión, yo (Kirk) fui llevado a un lugar, y vi al Señor de Todo sentado en un trono solitario. Su cabello era blanco. Sus ojos eran una llama de fuego que se alternaba con ojos marrones normales, como entre la ira y el amor. No parecía viejo, sino vigoroso y fuerte. En su mano derecha Él sostenía un cetro de hierro. Tenía un mango en la parte inferior y una cruz en la parte superior. A su izquierda estaba de pie el arcángel Gabriel, y a su derecha estaba de pie el arcángel Miguel. Todo el aire estaba cargado de poder y había un tono bastante serio. El Señor Jesús estaba sentado como una estatua sosteniendo el cetro.

Entonces, cuando llegó el momento adecuado, habló. Un rayo brilló en todas direcciones desde el trono, seguido de un espeso humo que se arremolinaba detrás del rayo. Todo el lugar se llenó de humo. No entendí lo que Él dijo, pero mientras observaba, dos personas se acercaron solemnemente al trono ante el Señor de todo.

Estos dos representaban a los Apóstoles y a los Profetas. Al acercarse, se arrodillaron simultáneamente ante el Señor. Permanecieron así durante un breve instante. El Señor se levantó de su trono y se colocó ante ellos. Gabriel y Miguel dieron un paso adelante y se colocaron a los lados de los dos que estaban arrodillados, como para sostenerlos. Los dos arrodillados miraron hacia el Señor. Los ángeles y el Señor miraron al apóstol y al profeta.

El Señor levantó el cetro de hierro, sujetándolo con ambas manos por el mango, y lo colocó primero sobre la cabeza del apóstol. Cuando lo levantó de nuevo, una llama de fuego ardía sobre la cabeza del apóstol, o quizás por encima de ella. Luego se acercó al profeta, y Gabriel también se acercó al profeta. También quedó fuego sobre la cabeza del profeta.

El Señor y los ángeles dieron un paso atrás, y el Señor volvió a sentarse y habló. ¡Los relámpagos y el humo salían de Él, y Su poder llenaba la habitación! No pude entender lo que dijo debido al trueno. El apóstol y el profeta se pusieron de pie, miraron al Señor durante unos segundos y luego se dieron la vuelta y caminaron hacia adelante, alejándose del trono. Las llamas de fuego sobre sus cabezas permanecieron en ellos mientras caminaban. Amén. (Visión de Jesús con cetro de hierro, fuego y dos testigos, 28 de julio de 2023).

En Apocalipsis 10, un ángel poderoso clama con voz fuerte y, cuando lo hace, los siete truenos hacen oír sus voces. A Juan se le dijo que sellara lo que habían dicho. Entonces el ángel declara que en los días en que suene el séptimo ángel, cuando esté a punto de sonar, el misterio de Dios será completado, tal como Él lo declaró a Sus siervos los profetas.

Entramos en Apocalipsis 11 con los dos testigos. Después de que resucitan de entre los muertos, suena el séptimo ángel, y es entonces cuando las voces en el cielo (donde los dos testigos están espiritualmente de pie) dicen: «Los reinos de este mundo se han convertido en los reinos de nuestro Señor y de su Cristo, ¡y Él reinará por los siglos de los siglos!». Entonces los ancianos adoran a Dios diciendo que ha llegado el tiempo de su ira, que ha llegado Su juicio (la recompensa a los malvados y a los justos) y que Él destruirá a los que destruyen la tierra.

Todo esto es exactamente como lo que el Señor ha estado profetizando desde hace varios años ahora. Él está juzgando a los malvados, incluidos aquellos que han destruido la tierra envenenando el agua, el suelo, las plantas, los animales y las personas. Él está dando Su recompensa a los malvados y a los justos. Será muy bueno para aquellos de nosotros que hemos permanecido fieles a Él, y será muy malo para aquellos que se han opuesto a Él. Él ha levantado a los profetas y está levantando a los apóstoles para guiar a la iglesia y a la tierra hacia Su Gran Reinicio, hacia una época de abundancia, hacia el reino del milenio, donde las siete montañas serán conquistadas por la justicia y finalmente reducidas a tres montañas de influencia, en las que Jesús es el fundamento.

El cetro de hierro es un cetro de juicio y justicia. Los Apóstoles y Profetas vienen a enderezar las cosas. El fuego es la pureza y el poder del Señor mismo. Jesús viene a por una novia pura, sin mancha ni arruga. El fuego que procede de Él a través de Sus testigos purificará Su iglesia. El Señor está una vez más dando de Sí mismo a Sus dos testigos -aquellos Apóstoles y Profetas que *solo* buscan la gloria del Señor.

El Señor ha profetizado que el último derramamiento del Espíritu Santo superaría con creces al anterior. Dijo que los últimos serán los primeros y los primeros serán los últimos. Ha dicho que los poderosos actos realizados por los primeros apóstoles parecerán un juego de niños en estos últimos días. Ha advertido a la iglesia que deberá respetar a Su Espíritu y a Sus ministros, especialmente a Sus apóstoles. ¡El mundo entero se quedará sin aliento cuando estos dos se pongan de pie! Satanás ha tratado de mantener a estos testigos enterrados durante más de 2.000 años. ¡Pero ellos se ponen de pie! Y se colocan junto al Señor de toda la tierra derramando el aceite dorado de la palabra pura de Su Espíritu. (Zacarías 4)

Él está comenzando a encender a los apóstoles y profetas, y el mundo nunca volverá a ser el mismo. Jesús ha profetizado que la Lluvia Tardía del Espíritu Santo será mucho mayor que la primera. Sus ministros caminarán con autoridad y poder como el mundo nunca ha visto, y ninguno más que Sus apóstoles. Su grito será: «¡**Los reinos de este mundo se han convertido en los reinos de nuestro Señor y de Su Cristo, y Él reinará por los siglos de los siglos!**» (Apocalipsis 11:15).

CAPÍTULO 12

EL REINO DEL MILENIO Y LA NUEVA JERUSALÉN

———◆◄◄◆►►◆———

Apocalipsis 20:1-6 dice:

Entonces vi a un ángel que descendía del cielo, teniendo la llave del abismo y una gran cadena en su mano. Él apresó al dragón, la serpiente antigua, que es el Diablo y Satanás, y lo ató por mil años; y lo echó al abismo sin fondo, y lo encerró, y puso un sello sobre él, para que no engañase más a las naciones hasta que se hayan cumplido mil años. Pero después de estas cosas debe ser soltado por un poco de tiempo. Y vi tronos, y se sentaron sobre ellos, y les fue entregado el juicio. Luego vi las almas de los que habían sido decapitados por su testimonio de Jesús y por la palabra de Dios, los que no habían adorado a la bestia ni a su imagen, y no habían recibido su marca en sus frentes ni en sus manos. Y ellos vivieron y reinaron con Cristo durante mil años. Pero el resto de los muertos no volvieron a vivir hasta que se cumplieron los mil años. Esta es la primera resurrección. Bienaventurado y santo el que tiene parte en la primera resurrección. Sobre ellos no tiene poder la segunda muerte,

sino que serán sacerdotes de Dios y de Cristo, y reinarán con Él mil años.

El Señor ha dicho que el mal nunca llegará hasta el nivel que tiene actualmente (*Profecía "Trump Administra Justicia"* - 2 de julio de 2021). Esto es porque el enemigo nunca tendrá los recursos que tiene ahora. Veamos qué sucederá a causa de esto.

Actualmente hay una batalla en los cielos entre los ángeles y los demonios. Cuando los ángeles y los demonios luchan, el Señor nunca pierde, sino que los demonios son destruidos o atados. En estos tiempos finales, los demonios están siendo atados por un tiempo, y como el diablo es el jefe de los demonios, es como si él estuviera atado.

El Señor también está exponiendo las mentiras del enemigo con respecto a la autoridad. A nosotros, a los que estamos en Cristo, se nos ha dado toda autoridad en el cielo y en la tierra. El enemigo ha mentido a la iglesia sobre esta verdad durante mucho tiempo. Pero pensemos en lo que sucederá cuando los hijos de Dios se levanten en su autoridad. ¿Quién estará al mando? ¿Serán las élites globalistas? ¿Los Luciferinos? ¿Los socialistas? ¿El diablo? No. Serán aquellos que están en Cristo.

El Señor tendrá Su Gran Reinicio. Él ha profetizado que durante Su reinicio, los justos tomarán el control y el pueblo exigirá que quienes los lideren sean del Espíritu Santo. El Señor ha profetizado que la gente actuará con rectitud y esperará que los demás actúen con rectitud. Esto es normal, ha dicho. Dado que la rectitud abundará y se acabarán muchos engaños, será más fácil para la gente acercarse al Señor. De ahí la Gran Cosecha y la capacidad de establecer el Reino de los Cielos en la Tierra. Él ha profetizado una vida larga, buena salud, prosperidad y bondad.

Piensa en cómo será tener dos mil millones de jóvenes, además de personas mayores, que se acerquen al Señor a medida que sea eliminada la cizaña de la tierra. ¿Qué sucede cuando alguien nace de nuevo? Pasa de la muerte a la vida, ¿verdad? ¿No dice la Escritura que los muertos resucitarán y reinarán con Cristo en estos tiempos? Recuerda que las cosas en la visión del Apocalipsis de Jesucristo no son literales, sino simbólicas.

Sí, Jesús regresará físicamente en algún momento, pero no necesita establecer físicamente un reino en lo que se denomina el Reino del Milenio. Él gobierna a través de Su gente. Ellos atarán al enemigo usando su autoridad. Ellos establecerán la justicia en la tierra a través de su Espíritu. Ellos discipularán a aquellos que nacen de nuevo para que sigan realmente al Espíritu Santo y vivan solo para Jesús.

El Señor dice que la profecía que se encuentra en Isaías 43:19 (NASB) se aplica a este tiempo:

«He aquí, voy a hacer algo nuevo. AHORA brotará; ¿No os daréis cuenta? Incluso haré un camino en el desierto, ríos en el desierto».

¡Sí, profeta! ¡Escucha! ¡Estoy haciendo algo nuevo! El Señor de los Ejércitos, sí, incluso yo, Adonai. ¡Estoy trayendo algo nuevo a la tierra! Será algo NUEVO para la que no hay precedentes y nada parecido se ha hecho antes. Mirar al pasado mientras se intenta imaginar el futuro no tiene sentido. ¿No he dicho algo nuevo?

¡Esta es una misión de rescate, dice el Señor! En Mi gran Misericordia, Amor y Paciencia, voy a intervenir una vez más en los asuntos de los hombres. Pero el fin aún no ha llegado.

Después de este tiempo, enviaré a Mis Santos Apóstoles, y ellos solo se arrodillarán ante Mi Hijo y solo lo seguirán a Él. ¡Mis Apóstoles y Profetas edificarán una iglesia! Esta iglesia será la que no tiene mancha ni arruga, y será gloriosa en la profundidad de su fe en Él y en la revelación del Cristo. ¡Mi Gloria Shekinah una vez más se encontrará en la tierra! Yo Me estableceré en un pueblo, y su luz brillará en la oscuridad, y aquellos que estén fuera de esta luz serán atraídos hacia ella, tal como una polilla es atraída por la luz. El hedor será expulsado de Mis narices, dice el Señor, y Mi gente experimentará prosperidad y favor, y alabará Mi Nombre. Amén» (El Señor está haciendo algo nuevo, Profecía del 1 de julio de 2021).

Una vez más, el Señor profetiza sobre este tiempo utilizando Oseas 3.

El Señor dice: «Volved a vuestros países y amadlos de nuevo». En los Estados Unidos, volverá a ser realmente un gobierno del pueblo, por el pueblo y PARA el pueblo una vez más. De hecho, seremos nacionalistas en cada país del que procedamos.

*A medida que cada país se limpie, volveremos a tratarnos bien unos a otros. El avivamiento barrerá esta nación y el mundo. El criterio para el liderazgo será <u>verdaderamente</u> Dios primero, no una falsa pretensión sin poder. Al igual que en el relato de Oseas e Israel, habrá una ausencia de gobierno durante un breve periodo de tiempo en el que el pueblo elegirá a Dios, y la Trompeta volverá. Justo antes de que Trump regrese, será el momento más oscuro para algunas personas (las que lloran la caída de Babilonia), pero no para otras (los justos). Como escribe Oseas: «**Vendrán temblando al Señor y a Sus bendiciones en los últimos días**».* (Profecía de Oseas 3, 23 de julio de 2022).

Estas son solo dos de las casi 200 palabras proféticas que se nos han dado hasta 2023. El Señor ha profetizado continuamente sobre el juicio que traerá sobre los malvados y la bendición que vendrá sobre los justos. El Señor lleva tiempo profetizando sobre Su Gran Reinicio. Dice que está haciendo algo nuevo, y que no es algo que hayamos visto antes. Dice que la tierra cambiará para siempre, e incluso nos ha dicho que los ángeles no han estado tan emocionados desde el nacimiento de Cristo.

Aquí hay algunos extractos más de palabras proféticas para que te hagas una idea de lo que puedes esperar.

El Señor dice: «Estoy haciendo algo diferente en la tierra, tal como he dicho antes. No miréis a la historia para encontrar los viejos patrones y formas. ¡Estoy haciendo algo diferente! No han recorrido este camino antes, y este cambio es un cambio global. Afectará a todo el planeta de formas nunca antes vistas. YO SOY ha dado pistas a los profetas sobre los cambios que tendrán lugar, pero estas pistas son solo pistas y generalidades. El alcance y el aspecto que tendrán todos los países y naciones en el futuro aún no ha sido imaginado por el hombre. Los cambios son de una magnitud que impresionaría a Noé». (Profecía "Atrévete a soñar con Dios" - 24 de marzo de 2023)

«Ahora, pueblo mío, ¡mirad al futuro con gran expectación y alegría! ¡Vuestro Dios es amor y Él es bueno! ¿Puede el mal ganar realmente? ¿Podría Satanás realmente desafiarme? Se dice en la tierra que esta convulsión no es política ni cultural, sino espiritual. En particular, es el bien contra el mal. O tal vez Dios contra Satanás. Pero yo os digo: ¡NO! Esta noción asume que existe la posibilidad de que YO SOY pudiera perder. No existe tal

posibilidad. El caos que veis es Mi amor en acción. Es una misión de rescate que YO SOY estoy llevando a cabo de manera soberana. Estoy invitando a Mis santos a participar en ella porque deseo regocijarme en la gran victoria que obtendrán. Estamos usando el Plan A. No hay un plan alternativo, ni un plan secundario, como el Plan B. Mi plan es perfecto y no puede fallar.

El resultado de esta gran victoria cambiará la tierra para siempre. He detallado estos cambios en otras «palabras» y profecías. Amén». (Actualización profética sobre DJT y el Gran Reinicio de Dios – 30 de diciembre de 2022)

El Señor le dijo a Kirk que mirara al cielo en el Espíritu, y así lo hizo. Vio todo el cielo lleno de ángeles. No podía ver nada más que ángeles. Estaban por todas partes. El Señor dijo: «Ha comenzado». Kirk preguntó qué había comenzado, y el Señor respondió que Él estaba eliminando la cizaña. (Visión del 18 de marzo de 2023)

Al leer estas profecías y examinar las Escrituras, podemos ver cómo se desarrolla el plan del Señor para lo que se denomina el «reino del milenio». Este reino del milenio no dura necesariamente mil años, sino que es indicativo de un largo período de tiempo. La palabra «mil» utilizada en Apocalipsis 20 puede significar mil y puede significar el «plural de una afinidad incierta». Este tiempo es un tiempo prolongado, pero no se limita a mil años literales.

Además, como se ha dicho, el Señor no necesita regresar físicamente para que este reinado se produzca. Sin embargo, Él regresará por segunda vez en algún momento. Su regreso será un acontecimiento repentino y marcará el juicio final. El sueño de Nabucodonosor sobre la estatua muestra cómo será.

«**Y en los días de estos reyes** (emperadores Romanos)**, el Dios del cielo establecerá un reino que nunca será destruido; y el reino no será dejado a otro pueblo; desmenuzará y consumirá a todos estos reinos, y permanecerá para siempre. Por cuanto viste que la piedra fue cortada de la montaña sin manos, y que hizo trozos el hierro, el bronce, el barro, la plata y el oro -el gran Dios ha dado a conocer al rey lo que sucederá después de esto. El sueño es cierto, y su interpretación es segura»** (Daniel 2:44-45).

Jesús vino a la tierra y estableció un reino. Este reino no es algo en lo que el rey reina y cuando muere, hay luchas por el reino- sino que «**no será dejado a otro pueblo**». Es un reino que nunca será destruido. Es un reino que lo domina todo, igual que una semilla de mostaza crece hasta convertirse en el árbol más grande del jardín, o igual que la levadura se extiende por toda la masa. Estas parábolas que Jesús enseñó nos muestran que su reino nunca terminará y que lo dominará completamente todo. Durante el "reino del milenio", la iglesia de Jesucristo establecerá el reino de los cielos en la tierra como nunca antes.

Se nos ha enseñado y hemos creído, e incluso hemos enseñado en ocasiones, que habrá una resurrección de los muertos físicos en la que los justos resucitarán primero. Luego, algún tiempo después, resucitarán los malvados. Esto es falso. Si bien habrá una resurrección física de los muertos, la primera resurrección de la que se habla en Apocalipsis 20 es ahora. Para comprender la resurrección de los muertos, primero debemos comprender la resurrección de Jesucristo.

Jesús es el primogénito de entre los muertos. Esto significa que Él es el primero en resucitar de entre los muertos y que nunca volverá a morir.

Nosotros participamos de la vida eterna porque Él ha sido resucitado. El mismo Espíritu que lo resucitó de entre los muertos vive en nosotros, los que creemos, y también nos resucitará de entre los muertos. Si Cristo no ha resucitado de entre los muertos, entonces nosotros seguimos muertos en nuestros pecados y no hay esperanza de vida eterna para nosotros. (Véase 1 Corintios 15 para una gran exposición sobre la muerte y resurrección de Jesucristo).

Era de conocimiento común que habría una resurrección en el último día, cuando Cristo regresara. Marta le dijo a Jesús: **«Sé que él [Lázaro] resucitará en la resurrección del último día»** (Juan 11:24). Jesús no lo discutió porque era de conocimiento común entre los que seguían al Señor. Todos los que alguna vez han vivido resucitarán de entre los muertos. Algunos irán a la vida eterna y otros a la muerte eterna.

> **No os maravilléis de esto, porque viene la hora en que todos los que están en los sepulcros oirán Su voz y saldrán: los que hicieron lo bueno, para resurrección de vida, y los que hicieron lo malo, para resurrección de condenación.** (Juan 5:28-29)

Cuando llegue el momento del juicio del «Trono Blanco», los injustos serán enviados al lago de fuego ardiente, donde serán atormentados por los siglos de los siglos. Nosotros, los que estamos en Cristo, vivimos por los siglos de los siglos porque la muerte no puede retenernos. Cristo venció a la muerte y esta no tiene poder sobre Él; por lo tanto, si somos encontrados en Él, la muerte tampoco tiene poder sobre nosotros.

> **Entonces vi un gran trono blanco y a Él, el que estaba sentado en él, de cuyo rostro huyeron la tierra y el cielo. Y no fue hallado lugar para ellos. Y vi a los muertos, grandes y**

pequeños, de pie ante Dios, y se abrieron los libros. Y se abrió otro libro que es el Libro de la Vida. Y los muertos fueron juzgados según sus obras, por las cosas que estaban escritas en los libros. El mar entregó los muertos que había en él, y la muerte y el Hades entregaron los muertos que había en ellos. Y fueron juzgados, cada uno según sus obras. Entonces la muerte y el Hades fueron lanzados al lago de fuego. Esta es la segunda muerte. Y cualquiera que no fuera hallado escrito en el libro de la vida era lanzado al lago de fuego. (Apocalipsis 20:11-15)

Los injustos mueren una segunda muerte, la cual no tiene poder sobre los justos. Romanos 6:8-9 dice: **«Ahora bien, si morimos con Cristo, creemos que también viviremos con Él, sabiendo que Cristo, habiendo resucitado de entre los muertos, ya no muere más. La muerte ya no tiene más dominio sobre él»**. Si estamos en Cristo, la muerte tampoco tiene dominio sobre nosotros y no moriremos por segunda vez. De hecho, en realidad no moriremos ni siquiera por primera vez, porque nuestros espíritus vivirán eternamente; mientras que alguien que muere fuera de Cristo nunca vivirá eternamente, sino que morirá eternamente.

Por eso también Jesús dice en Mateo 5:29-30:

«Si tu ojo derecho te hace pecar, sácalo y arrójalo lejos de ti, porque te es más beneficioso que uno de tus miembros perezca, que todo tu cuerpo sea arrojado al infierno. Y si tu mano derecha te hace pecar, córtala y arrójala lejos de ti, porque te es más beneficioso que uno de tus miembros perezca, que todo tu cuerpo sea arrojado al infierno».

El pecado es tan grave que es mejor sufrir la pérdida de una extremidad que resucitar para morir por segunda vez y que todo tu cuerpo, alma y espíritu sean enviados al infierno. Por supuesto, ni nosotros ni Jesús estamos abogando por que te mutiles a ti mismo. El objetivo era mostrar lo grave que es desviarse del camino de la vida.

Por lo tanto, debemos mantener nuestros ojos fijos en Jesús y seguir al Espíritu Santo. 1 Juan 3:2 dice: **«Amados, ahora somos hijos de Dios, y aún no se ha revelado lo que seremos, pero sabemos que cuando Él se revele, seremos como Él, porque lo veremos tal como Él es»**. Cuanto más lo veamos a Él ahora, más nos pareceremos a Él ahora. **«Así como hemos llevado la imagen del hombre terrenal, también llevaremos la imagen del Hombre celestial»** (1 Corintios 15:49). Tanto si estamos despiertos como dormidos, lo veremos a Él tal como es, y al «verlo», llevaremos su imagen.

A lo largo del Nuevo Testamento, a los que mueren en Cristo se les llama dormidos, pero a los que mueren fuera de Cristo se les considera muertos. Esto se debe a que la muerte no tiene dominio sobre los que están en Cristo, pero los que no están en Cristo mueren y resucitan solo para morir de nuevo y sufrir eternamente en el lago de fuego.

> **Por eso os decimos, por la palabra del Señor, que nosotros, los que vivimos y permanezcamos hasta la venida del Señor, de ninguna manera precederemos a los que duermen. Porque el Señor mismo descenderá del cielo con un grito, con la voz de un arcángel y con la trompeta de Dios. Y los muertos en Cristo resucitarán primero. Luego nosotros, los que vivamos y quedemos, seremos arrebatados junto con ellos en las nubes para encontrarnos con el Señor en el aire.**

Y así estaremos siempre con el Señor. (1 Tesalonicenses 4:15-17)

Fíjese en la palabra «dormido» arriba. Otros ejemplos incluyen a Jesús refiriéndose a la hija de Jairo como dormida en lugar de muerta. (Lucas 8:52 – Los niños son salvos hasta que son capaces de elegir entre la vida y la muerte). Además, Jesús se refiere a Lázaro como dormido (Juan 11:11), y Pablo se refiere a los que murieron en Cristo como dormidos (1 Corintios 15:51). Mientras que al hijo de la viuda de Naín se le llama muerto (Lucas 7:11-17).

En el Nuevo Testamento, siempre se dice que los salvos se han dormido cuando mueren. Mientras que a los malvados simplemente se les llama muertos cuando mueren. Esto se debe a que cuando un creyente muere, en realidad no está muerto. No se puede matar a alguien en Cristo. Están eternamente vivos.

Jesús dice en Marcos 12:26-27:

> **«Pero en cuanto a los muertos, que resucitan, ¿No habéis leído en el libro de Moisés, en el pasaje de la zarza ardiente, cómo Dios le habló, diciendo: «Yo soy el Dios de Abraham, el Dios de Isaac y el Dios de Jacob»? Él no es el Dios de los muertos, sino de los vivos. Por lo tanto, estáis muy equivocados».**

Aquellos que están en Cristo no están muertos. **«Cuando lo corruptible se haya revestido de incorrupción, y lo mortal se haya revestido de inmortalidad, entonces se cumplirá lo que está escrito: "La muerte ha sido devorada por la victoria"»** (1 Corintios 15:54). ¡Alabado sea Dios!

El Señor ha dicho que sus ángeles están sacando la cizaña y resucitando a la iglesia. La verdadera Iglesia ha estado, a todos los efectos, como muerta. Jesús está eliminando la iglesia institucional y levantando una novia pura. Los que están en Cristo se levantarán durante este tiempo y tomarán el control de las áreas de influencia en el mundo. Se unirán a los nuevos creyentes que están naciendo de nuevo en la Cosecha del Fin de los Tiempos. Estarán en posiciones de autoridad en la tierra porque prevalecerá la justicia. El Señor dice que Sus Apóstoles y Profetas serán especialmente elevados a posiciones de *autoridad.*

«En Mi Gran Reinicio, los hombres no desearán cosas fuera de Mí como lo hacen ahora. Me desearán a Mí y lo que viene de Mí. Esto no es algo que sucederá instantáneamente. Mis cinco ministerios serán muy activos en enseñar Mis caminos, cómo seguir a Mi Espíritu. Serán activos en el gobierno, especialmente Mis apóstoles y Profetas, porque ayudarán a sentar una base correcta en los gobiernos de las naciones del mundo». (*¿Qué lleva a los hombres a pecar?* y *Los cinco ministerios activos en el gobierno. Palabra – 9 de agosto de 2023)*

Una vez eliminada la cizaña, será mucho más fácil establecer la justicia. Y aquellos que no hayan sido eliminados como cizaña en este Gran Reinicio tendrán la oportunidad de volverse al Señor.

Por respeto a los muertos, los libros de historia se reescribirán sin mencionar los nombres de aquellos que han perpetrado la gran maldad que vemos en este momento. Han cometido atrocidades horrendas de las que apenas sabemos nada. Han asesinado a niños, han iniciado guerras interminables, han matado a personas en hambrunas provocadas a propósito, han asesinado sin miramientos a quienes se oponían a ellos, han matado a personas mediante la «medicina», y la lista continúa. Por respeto a estas personas, los nombres de los malvados serán omitidos de los libros de historia. Esto no significa que no recordaremos la historia. Solo significa que su deseo de ser recordados personalmente no se cumplirá porque fueron increíblemente malvados.

Veamos un extracto más de una profecía dada en 2022.

En muy poco tiempo, la gente saldrá sin miedo. Y la Cábala estará atemorizada, escondiéndose de la gente y de la justicia. A diferencia de los temores de la gente, ¡los temores de la Cábala se harán realidad! Sí, lo que más han temido les sucederá. No tendrán dónde esconderse. Incluso los lugares secretos que han ocultado con gran cuidado y sin piedad, han sido o serán descubiertos. Entonces se les obligará a ver cómo les quitan sus fortunas. Y después vendrá la justicia que les corresponde a aquellos que sabían lo que hacían y en lo que se metían, que me han abandonado y se han unido a Satanás y a sus siervos y que, ni siquiera aunque lo quisieran, podrían pueden volver a mí. El mundo conocerá entonces la profundidad de la depravación en la que ha estado sumido. Los libros de historia serán reescritos y se dirá la verdad a aquellos que deseen aprender. Pero aquellos mentirosos y charlatanes que han escrito todas las mentiras, pasará que sus nombres serán borrados de cada página, de cada ordenador, y nadie volverá a mencionarlos por respeto a aquellos que han perdido la vida a manos de estos malvados. ¡Su deseo de gobernar la tierra y sus logros serán borrados! Nadie volverá a hablar de ellos. ¡Sus nombres serán como la escoria de la tierra en la que nadie quiere pensar, dice el Señor! Sí, y los años serán conocidos (como declaró el profeta [Enlow]) como «antes de Trump y después de Trump». Amén». (La profecía de la llegada y la partida, 1 de febrero de 2022)

Estamos entrando en el «Reino del Milenio», y la Novia de Cristo será purificada durante este tiempo.

> **Entonces vi un cielo nuevo y una tierra nueva, porque el primer cielo y la primera tierra habían fallecido. Tampoco había ya mar. Entonces yo, Juan, vi la ciudad santa, la Nueva Jerusalén, que descendía del cielo, de Dios, preparada como una novia adornada para su esposo... Entonces uno de los siete ángeles que tenían los siete cuencos llenos de las siete últimas plagas se acercó a mí y me dijo: «Ven, te mostraré a la novia, la esposa del Cordero». Y me llevó en el Espíritu a un monte grande y alto, y me mostró la ciudad, la santa Jerusalén, que descendía del cielo, de Dios... También tenía un muro grande y alto con doce puertas, y doce ángeles en las puertas, y nombres escritos en ellas, que son los nombres de las doce tribus de Israel... El muro de la ciudad tenía doce cimientos, y sobre ellos estaban los nombres de los doce apóstoles del Cordero... La ciudad está dispuesta como un cuadrado; su longitud es igual a su anchura. Y midió la ciudad con la caña: doce mil estadios. Su longitud, anchura y altura son iguales... Pero no vi en ella templo alguno, porque el Señor Dios Todopoderoso y el Cordero son su templo...** (Apocalipsis 21:1-2, 9-10, 12, 14, 16, 22).

La Novia de Cristo es dibujada como la Nueva Jerusalén, o la ciudad santa, porque la Novia de Cristo es santa. Su fundamento es correcto, ya que está basado en los apóstoles y profetas. Está perfectamente diseñada, llena de oro y joyas, porque su Esposo la ha hecho perfecta y pura. El templo de la ciudad es el Padre y el Hijo, porque la Novia no tiene otro Dios. No hay ídolos en la verdadera Iglesia de Cristo.

Ezequiel también vio la Nueva Jerusalén representada como un cubo perfectamente proporcionado, solo que él lo vio como un templo. De forma similar a Juan, Ezequiel tuvo su visión después de que Israel resucitara milagrosamente (el valle de los huesos secos), lo que Juan vio como la primera resurrección. Luego, Ezequiel vio una batalla final en la que el enemigo era completamente destruido, lo que Juan vio en Apocalipsis 20. Después de estas cosas, ambos fueron testigos de la Novia de Cristo en su perfección. (Véase Ezequiel 37-47).

Las Escrituras que indican que una novia pura será cumplida.

Sois... conciudadanos de los santos y miembros de la familia de Dios, habiendo sido edificados sobre el fundamento de los apóstoles y profetas, siendo Jesucristo mismo la piedra angular, en quien todo el edificio, bien ensamblado, va creciendo para ser un templo santo en el Señor, en quien también vosotros estáis siendo juntamente edificados para morada de Dios en el Espíritu (Efesios 2:19-22).

Todos estaremos unidos en la fe y en el conocimiento del Hijo de Dios. Seremos perfectos, habiendo alcanzado la medida de la plenitud de Cristo. No seremos engañados por las artimañas del enemigo, sino que seremos maduros y completos, actuando plenamente en amor (Efesios 4:11-16). El Señor ha dicho que el Espíritu Santo nunca nos dejará ni nos abandonará. Seremos llenos del Espíritu de Cristo, incluso en el Cielo. El Señor estará entronado en nuestros corazones por toda la eternidad.

Esta es una imagen de la Nueva Jerusalén. Es una imagen de la Novia de Cristo. Es una revelación del Señor Jesucristo, mientras hace que su Iglesia sea como Él. ¡Guau! Incluso así, ¡Ven, Señor Jesús!

CAPÍTULO 13

¿PUEDE DIOS USAR LAS PROFECÍAS MÁS DE UNA VEZ?

—————————◆◄◄◆►►◆—————————

Toda la Escritura es inspirada por Dios y útil para enseñar, para reprender, para corregir y para instruir en la justicia... (2 Timoteo 3:17)

Cuando una visión, profecía o revelación proviene de Dios, entonces Él es el Único que interpreta su significado. Todos hemos leído las Escrituras y hemos sentido que el Espíritu Santo nos hablaba a través de ellas en algún momento u otro. De hecho, esta es una forma muy común en la que Él nos habla.

Tomemos como ejemplo los Salmos. David escribió muchos de los Salmos y, aunque siendo ciertos para David en ese momento, el Espíritu Santo puede usarlos hoy en día de manera personal para cada uno de nosotros en diferentes momentos de nuestras vidas.

O tomemos Isaías 45. Isaías estaba profetizando claramente sobre el Rey Ciro. Y, sin embargo, el Señor ha utilizado las profecías sobre Ciro para hablar del presidente Donald J. Trump.

O también hemos visto que Nerón César era la bestia con el número 666 asignado. Y, sin embargo, el Espíritu Santo ha mostrado que el espíritu del anticristo con el sistema de la bestia obra a través de muchas personas.

Aunque muchas de las profecías de las Escrituras se han cumplido, incluso muchas relacionadas con el fin de los tiempos, el Señor puede volver a utilizar las mismas profecías a Su discreción. Sin embargo, esto no significa que *deba* usar las profecías otra vez. Solo significa que no podemos encasillar a Dios. Él puede hacer según le plazca a Él.

Con esto en mente, entonces no tenemos que esperar a que se cumplan de nuevo las profecías sobre el fin de los tiempos. A Daniel le fue dicho que las palabras estaban «**cerradas y selladas hasta el tiempo del fin**» por el ángel que le estaba explicando las cosas (Daniel 12:9). Mientras que a Juan se le dijo que no sellara la profecía porque el tiempo estaba cerca (Apocalipsis 22:10). En otras palabras, Daniel quería saber el final de estas cosas, pero no pudo. Nosotros, sin embargo, estamos en los últimos tiempos, en los que podemos comprender mientras el Espíritu Santo nos lo revela. Y a medida que Él revela lo que ha sucedido, lo que está sucediendo y lo que está por venir, Él puede usar una profecía cumplida para profetizar sobre algo más. Sin embargo, Él no tiene que hacerlo, ni nosotros debemos seguir buscando el cumplimiento de algo que Él ha revelado que ya ha sucedido. Si Él quiere usar una profecía nuevamente, nos la señalará, pero no necesitamos ir a buscarla.

En todas las cosas nos sometemos al Espíritu Santo y a lo que Él nos revela acerca de Jesús. Como escribe Pablo: «**Ahora bien, nosotros no hemos recibido el espíritu del mundo, sino el Espíritu que proviene de Dios, para que conozcamos lo que Dios nos ha concedido gratuitamente**» (1 Corintios 3:12).

Mientras entramos en los últimos tiempos, consideremos lo que profetizó Isaías:

> **La palabra que Isaías, hijo de Amós, vio acerca de Judá y Jerusalén.**
>
> **Ahora, sucederá en los últimos días**
> ***Que*** **el monte de la casa del Señor**
> **Será establecido en la cima de los montes,**
> **Y será exaltado por encima de las colinas;**
> **Y todas las naciones fluirán hacia él.**
> **Muchos pueblos vendrán y dirán:**
> **«Venid, subamos al monte del Señor,**
> **A la casa del Dios de Jacob;**
> **Él nos enseñará Sus caminos,**
> **Y nosotros caminaremos por Sus sendas».**
> **Porque de Sion saldrá la ley,**
> **Y de Jerusalén la palabra del Señor.**
> **Él juzgará entre las naciones,**
> **Y reprenderá a muchos pueblos;**
> **Ellos convertirán sus espadas en rejas de arado,**
> **Y sus lanzas en herramientas de podar;**
> **Ninguna nación levantará la espada contra otra nación,**
> **Ni aprenderán más para la guerra.** (2:1-4)

Esta profecía es aplicable a nuestros días. El Señor está juzgando, Sion y Jerusalén representan a la verdadera iglesia, y de ella saldrá el aceite puro de la palabra del Señor cuando los apóstoles y profetas estén en el lugar correcto. Reinará la paz y no habrá luchas entre las naciones como las que vemos ahora. Y el monte de la casa del Señor estará establecido sobre las cimas de los montes de influencia en el mundo.

Los cinco ministerios gobernarán la iglesia, y muchos de ellos tendrán un papel en las naciones. Sin embargo, no todos los cargos gubernamentales de las naciones estarán a cargo de alguien de los cinco ministerios. Otros también gobernarán en las naciones.

El mundo está entrando en los mejores tiempos de la historia, en los que el Espíritu Santo se derrama como nunca antes. Jesús será exaltado como nunca antes. Y la iglesia caminará con autoridad, poder, amor y verdad como nunca antes.

El Espíritu Santo no ha incluido deliberadamente todos los detalles del fin de los tiempos en este libro. En cambio, El Señor desea que tengamos una visión general con algunos detalles para que podamos ver las cosas de la forma que Dios las ve. La humildad es estar de acuerdo con Dios. Cuando obtenemos Su perspectiva y vemos las cosas en la forma que Él las ve, Él puede derramar Su gracia sobre nosotros porque Él da gracia a los humildes.

Al igual que Ester, hemos nacido para un momento como este. Cada uno de nosotros tiene un papel que desempeñar, cada uno tiene un llamado único y cada uno está empoderado por el Espíritu Santo para hacer discípulos de Jesucristo. Por lo tanto, mantengan a Jesús como su enfoque y en sus corazones exáltenlo siempre. ¡Él es verdaderamente el Rey de reyes y Señor de señores! Amén.

www.ingramcontent.com/pod-product-compliance
Lightning Source LLC
Chambersburg PA
CBHW071443090426
42737CB00011B/1759